SPORT
VERLAG
BERLIN

W0041823

Andreas Grimm

Das 1 x 1 des Lenkdrachenfliegens

Auswählen · Zusammenbauen ·
Starten und Figurenfliegen

Sportverlag Berlin

© 1998 by SVB Sportverlag Berlin GmbH

Die Verwendung der Texte und Bilder, auch auszugsweise, ist ohne Zustimmung des Verlages urheberrechtswidrig und strafbar. Dies gilt auch für Vervielfältigungen, Übersetzungen, Mikroverfilmungen und Verarbeitungen mit elektronischen Systemen.

Zweite, aktualisierte Auflage

Lektorat: Bernd Ludwig
Umschlaggestaltung:
Volkmar Schwengle/Buch und Werbung
Titelfotos: Andreas Grimm
Die Fotos zeigen:
Passion, das Top-Modell von Invento,
und *Session* 1.1., einen Allround-Dartdrachen
Illustrationen: Andreas Grimm
Satz und Repro: Ebner Ulm
Druck und Bindung:
Cayfosa Industria Gráfica, Barcelona

Printed in Spain
ISBN 3–328–00802–0

Gedruckt auf alterungsbeständigem Papier
mit chlorfrei gebleichtem Zellstoff

Die Deutsche Bibliothek – CIP-Einheitsaufnahme

Grimm, Andreas:
Das 1x1 des Lenkdrachenfliegens : Auswählen –
Zusammenbauen – Starten und Figurenfliegen /
Andreas Grimm. – 2., aktualisierte Aufl. – Berlin:
Sportverl., 1998
  ISBN 3–328–00802–0

Inhalt

Inhalt

Inhalt

Einleitung

Wer sich gerade seinen ersten Lenkdrachen gekauft hat oder im Begriff ist, es zu tun, aber auch, wer sich seinen ersten Lenkdrachen selbst bauen möchte, dem fehlen noch die vielen Erfahrungen des mit allen Wassern gewaschenen Lenkdrachenpiloten. Das kann unangenehme Folgen haben, denn ohne das erforderliche Know-how wird das Lenkdrachenvergnügen nur von kurzer Dauer sein oder sich gar nicht erst einstellen.

Für alle Lenkdrachen-Einsteiger ist dieses Buch geschrieben worden. Es soll helfen, folgenschwere Fehler zu vermeiden, Entscheidungssituationen zu meistern und Probleme zu lösen. Eine Reihe von Faktoren hatte Anteil daran, daß dieses Buch geschrieben wurde.

Erstens gehöre ich zu den Unersättlichen unter den Drachenfliegern. Vom Frühling bis zum Spätherbst lasse ich keine Gelegenheit aus, um zum Drachenfliegen zu gehen. Einfach, weil es einen Riesenspaß macht. Wer praktisch seine gesamte Freizeit mit Drachen verbringt, der hat so ziemlich alle Fehler, die einem unterlaufen können, irgendwann schon gemacht und seine Lehren daraus gezogen. Der hat auch schon sehr vieles ausgetüftelt, was man noch besser, sicherer, effektiver machen kann.

Als ich begann, mich für Drachen zu interessieren, glaubte ich: Na ja, eine Zeitlang beschäftigst du dich mal damit. Das ist jetzt über sieben Jahre her ... Die Leidenschaft fürs Drachenfliegen ist wie ein Virus, der einen nicht mehr losläßt. Die Japaner haben den passenden Ausdruck hierfür: *Tako kichi* – was soviel bedeutet wie »vom Drachen besessen«.

So richtig infiziert mit dem Drachenvirus habe ich mich – nach der üblichen ersten Drachenbauphase in der Jugendzeit – wohl auf einem Drachenfest 1987 in Berlin-Marienfelde. Dort flogen riesige Drachen in mir bis dahin unbekannten Formen und aus mir bislang unbekannten Materialien. Ein ungefähr Fünfzigjähriger flog mit einem roten *Spinn-Off*, das ist ein Lenkdrachen, der mit zwei Leinen gesteuert wird, eine Vorführung. Über Lautsprecher hörte das Publikum einen dunklen Blues, und der Drachen flog so zu der Musik, als ob er ein beseeltes Wesen wäre. Er interpretierte die Musik mit seinen Bewegungen – er tanzte. Natürlich war es nicht der Drachen, der tanzte, sondern der Pilot, der ihn tanzen ließ. Der Name des Piloten sollte mir später noch des öfteren begegnen: *Peter Dolphin*, der 1994 zum Präsidenten der A.K.A. (American Kite Association) gewählt wurde. Dieser bluestanzende Drachen war wohl der endgültige Auslöser, jetzt hatte mich dieses Fieber gepackt und nicht mehr losgelassen.

Zweitens. Im Herbst 1994 wandte sich der Ullstein Taschenbuchverlag an mich und fragte an, ob ich Interesse daran hätte, in der Reihe Ullstein Sport ein handliches Buch für die Lenkdrachen-Einsteiger zu schreiben. Ich hatte keinen Grund, nein zu sagen. Im Gegenteil. Schließlich werden die Einsteiger in der Lenkdrachenliteratur sehr stiefmütterlich behandelt. Und außerdem halte ich ein Taschenbuch für eine praktische, preiswerte Alternative zu den relativ großformatigen Drachenbüchern auf dem Markt. Darüber hinaus macht es mir Spaß, auf diese Weise mein Wissen und meine Erfahrungen weiterzugeben.

Drittens. Als ich mit dem Drachenfliegen anfing, hatte ich unendlich viele Fragen. Leider gab es kein Buch, das meine Fragen hätte beantworten können. Daran hat sich bis heute nichts geändert, denn die – durchaus irgendwie erhältlichen – Informationen sind auf die verschiedensten Bücher, Zeitschriften und Vereinsmagazine verstreut. Hinzu kommt, daß die besten Bücher aus den USA stammen und in deutscher Sprache gar nicht erhältlich sind.

Lieber Lenkdrachenfreund, ich möchte dich bitten, das im folgenden Geschriebene ernst zu nehmen, dann klappt es auch mit deinen Flugkünsten. Manches hört sich so banal an, daß ich zunächst meinte: Das ist doch selbstverständlich. Aber die Erfahrung lehrt mich immer wieder, daß dem beileibe nicht so ist. Unterschätze nie, wieviel Sorgfalt im Umgang mit einem Drachen geboten ist und wie wichtig die zahlreichen Details sind. Vergewissere dich also, ob denn die beschriebenen Voraussetzungen tatsächlich erfüllt sind. Da das erfolgreiche Drachenfliegen auf dem Zusammenwirken mehrerer Faktoren beruht, solltest du die von dir zu beeinflussenden gut kennen und für ihr Optimum sorgen.

Das Buch ist in Abschnitte unterteilt, zwischen denen du durchaus hin- und herspringen kannst, je nachdem, wie dich die Themen interessieren. Der rote Faden, der durch das Buch läuft, soll dir systematisch das Wissen vermitteln, das du brauchst, bevor du fliegst, während du deinen Drachen fliegst, und was du sonst noch so beachten solltest.

Am Ende steht meine persönliche Bitte an dich: Am Hobby Drachenfliegen haben viele Menschen eine Menge Spaß. Damit das so bleibt, nimm Rücksicht auf andere, beachte die Sicherheitsaspekte, und beherzige die Umgangsregeln beim Drachensport.

12

Drachenketten. *Immer wieder schön anzusehen, wie Rhombusdrachenketten im Himmel ihre Bahnen ziehen.*

Ein herzliches Dankeschön

Mein besonderer Dank gilt meiner Frau Sabine, die mit Anregungen und Korrekturlesen meine Arbeit unterstützte. Ebenso danke ich meiner Tochter Sibylle, die sich beim Drachenfliegen große Mühe gab, wie ein Profi zu fliegen und ihren Papa immer aufmunterte.

Für Anregungen, Fachinformationen und konstruktive Kritik in der Endphase danke ich Michael Steltzer vom Berliner Drachenladen *Vom Winde verweht.*

Es ist zwar sein Job, trotzdem spreche ich Bernd Ludwig, dem zuständigen Lektor, meinen Dank aus, für die viele Zeit beim Zuhören, die didaktischen Tips und Hilfe bei der Klärung der offenen Fragen.

Andreas Grimm

13

Wie die Drachen lenkbar wurden

Die Geschichte der Lenkdrachen begann um die Jahrhundertwende. Ab 1894 wurde versucht, Drachen mit zwei Leinen zu steuern, aber in ganz anderer Form, als die heutigen Lenkdrachen gesteuert werden. Die Brüder Wright entwickelten 1899 einen Doppeldecker-Drachen, der mittels eines Steuerknüppels die Leinenspannungen auf die Tragflächen übertrug, wodurch die Flügel verwunden wurden. Dieses Prinzip wurde von ihnen später bei ihrem legendären *Flyer* umgesetzt. Weitere Versuche wurden um die Jahrhundertwende mit Stern- und Kastendrachen durchgeführt. Im Jahre 1930 gab es in den USA einen zweizelligen Kastendrachen (Boxdrachen), der, zusätzlich mit einem Querruder ausgestattet, mit zwei Leinen gesteuert wurde und Kreise, Sturzflüge, Achten und Horizontal- und Vertikalflüge ausführen konnte. Das Fliegen von Figuren war damals als Freizeitvergnügen schon bekannt.

An den verwendeten Drachenformen ist leicht zu erkennen, daß mit Hilfe zweier Leinen jeder Drachen lenkbar ist, allerdings ist nicht jeder Drachen in der Lage, alle Figuren gleich schnell und exakt zu fliegen; manche Figuren lassen sich überhaupt nicht umsetzen.

Der amerikanische Leutnant in der Special Division des *US Navy Bureaus of Aeronautics* Paul E. Garber entwickelte für die Navy einen Zieldarstellungsdrachen. Dieser mit einer Flugzeugsilhouette bedruckte Drachen wurde im Zweiten Weltkrieg in der Ausbildung an Flugabwehrge-

schützen und leichten Kanonen eingesetzt. Der *Garber-Zieldarstellungsdrachen* basierte auf dem malaiischen Bogendrachen, der die klassische Rhombusform hatte. Auf der Segelvorderseite befand sich ein Querruder. Gesteuert wurde der Drachen mit zwei Stahlseilen von 180 m Länge. Die Spulen zum Auf- und Abwickeln der Leinen befanden sich in einem Holzkasten, einer Art Steuergerät, das der Pilot wie einen Bauchladen vor sich hertrug. Über 300000 Zieldarstellungsdrachen, deren Lebensdauer aus verständlichen Gründen nur kurz war, wurden von A. G. Spalding und Brüdern für die amerikanische Armee und für die britische Armee gebaut. Dieser Drachen hat heute Seltenheitswert und ist ein begehrtes Sammlerobjekt.
Die wohl wichtigste Entwicklung geht auf den amerikanischen Ingenieur Francis Melvin Rogallo zurück. Er konstruierte 1948 einen flexiblen Drachen, dessen Profil sich ohne jedes Gestänge optimal dem Wind anpaßte. Mit dem *Flexible Wing* wurde er zum Vater der Hängegleiter und Parawingflieger. Allgemein schenkte man damals Drachen nur wenig Beachtung, und so wurden Rogallos Theorien erst viel später aufgegriffen und zu Weiterentwicklungen für den Drachenbau verwandt.
D. Dunford entwickelte von 1960 an einen geflügelten Kastendrachen, der eine gewisse Ähnlichkeit mit dem *Conyne*-Drachen hat. Die Flugleinen wurden an einem Waagestab angeknüpft, von dem aus die einzelnen Schenkel an die Drachenkonstruktion gingen. Die *Dunford-Flying-Machine*, wie der Drachen bezeichnet wurde, erreichte durch ihre ungewöhnlich aerodynamische Form einen sehr großen Flugradius.
1964 kam, basierend auf dem *Flexible Wing*, eine amerikanische Entwicklung von C. H. Cleveland heraus, die sich

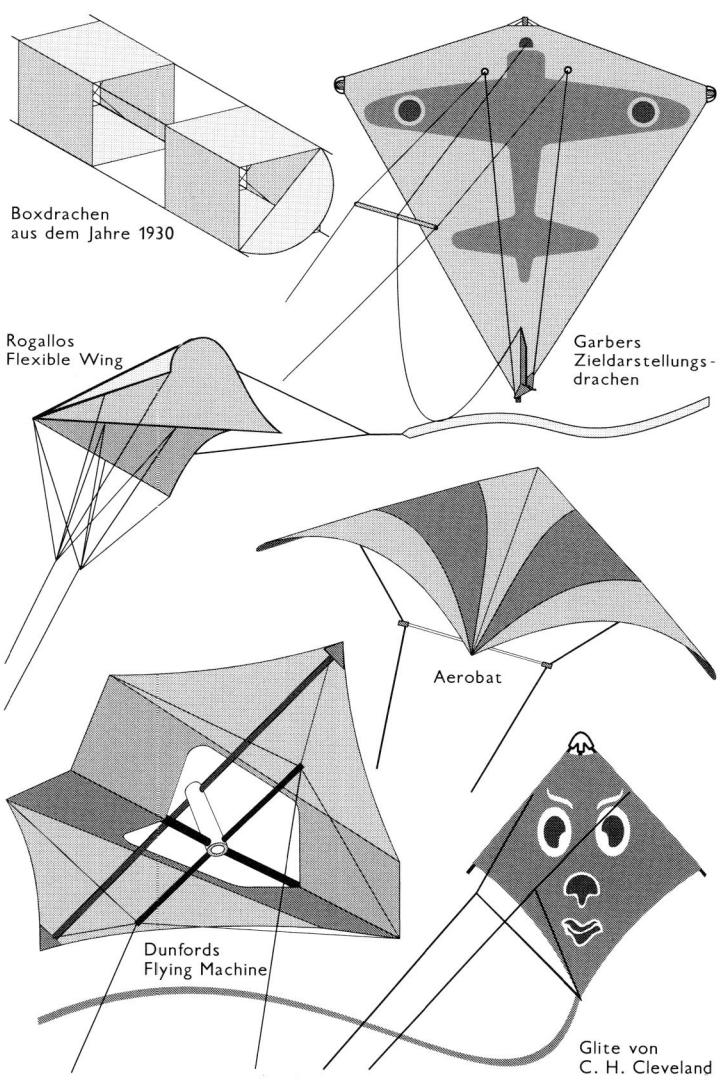

Boxdrachen
aus dem Jahre 1930

Rogallos
Flexible Wing

Garbers
Zieldarstellungs-
drachen

Aerobat

Dunfords
Flying Machine

Glite von
C. H. Cleveland

16

Glite nannte. Dieser halbflexible Drachen konnte durch Anbringen von zwei Waageschenkeln zum lenkbaren Zweileiner umfunktioniert werden.

Der aus Cheltenham (England) stammende Peter Powell entwickelte in den siebziger Jahren einen auf dem malaiischen Bogendrachen basierenden Rhombusdrachen. Mit Aluminiumgestänge und einer Drahtfeder als Querspreize ausgestattet, die auf der Drachenvorderseite eingesteckt wurde, leitete er den Siegeszug der Lenkdrachen ab 1972 ein. Dieser Klassiker belebte besonders in Europa die Drachenszene und ist weltweit zu einem Massenprodukt geworden. Der in Deutschland als *Peter-Powell-Stunter* bekannte Lenkdrachen ist heute in verschiedenen Segelausführungen – als Einzel- und Anhängerdrachen oder komplette 3er-Staffel – in fast allen Drachenläden zu bekommen. Im Unterschied zu damals werden heute im *Peter-Powell-Stunter* moderne Materialien, wie Plastikfolie oder Spinnakernylon und Glasfaser-Gestänge, eingesetzt.

Danach setzte eine rasante Entwicklung von Lenkdrachen ein. 1976 kam die *Flexifoil* auf den Markt, im Jahre 1978 folgten die auf dem Rogallo-Flügel basierenden *Skynasaur*-Modelle, 1984 der *Hawaiian-Team*-Drachen, und der vierleinige *Revolution* kam 1988 auf den Markt. Neben diesen bekanntesten Modellen entstand eine Vielzahl von Lenkdrachenvarianten, so daß es heute bei über 500 verschiedenen Modellen schwer ist, für den einzelnen den Überblick zu behalten und die Unterschiede zu erkennen. Deshalb sind im Abschnitt »Modellauswahl« nur einige auffällige Modelle erklärt, um grundsätzliche Unterschiede und Eigenschaften am Beispiel deutlich zu machen.

17

Grundlagen des Lenkdrachenfliegens

Drache oder Drachen?

Drache bezeichnet ein riesiges, echsenartiges Fabeltier, das im Mittelalter den Menschen Furcht einflößte. Auf Drachenfesten sind sie heute noch zu sehen, allerdings als Aeroplastiken und flugfähige Drachen.

Unter dem Begriff **Drachen** wird das Kinderspielzeug, das mit Papier bespannte Holzgerüst, verstanden. Dieses Fluggerät wird vom Wind getragen und an einer langen Leine gehalten.

Mit **Drachenfliegen** verknüpft der Volksmund das Segelfliegen oder Skysurfen, wobei ein menschentragender Drachen durch Gewichtsverlagerungen gelenkt wird.

Lenkdrachen sind steuerbare Drachen – im Unterschied zu Standdrachen, die von vielen Drachenfreunden auch als Einleiner bezeichnet werden. Lenkdrachen werden mit zwei oder vier Leinen gesteuert. Mit einem Lenkdrachen lassen sich Figuren fliegen und alle möglichen Kunststücke ausführen.

Standdrachen (oder stationäre Drachen) fliegen ab und zu auch Figuren, das ist aber vom Drachenpiloten nicht gewünscht. Eine Ausnahme bilden die **Kampfdrachen**, die als Fighter oder Fighterkites bezeichnet werden. Sie werden mit nur einer Leine vom Piloten gesteuert. Diese Drachen zu bauen und zu fliegen ist nicht so einfach, wie Lenkdrachen zu fliegen. Die Fighterkites sind übrigens die weltweit am häufigsten geflogenen Drachen; sie haben ihre Heimat in Asien dort, wo die Drachenbaukunst allgemein ihren Ursprung hat.

Kites ist das englische Wort für Drachen. Lenkdrachen werden als *Stuntkites* bezeichnet (vgl. hierzu auch Stuntman).

Der den Drachen fliegen läßt, bezeichnet sich als **Lenkdrachenpilot** oder einfach nur als **Pilot**. Im Volksmund werden Lenkdrachenpiloten als die Lenkdrachenflieger spezifiziert. Der größte Unterschied zwischen einem Einsteiger-Piloten und einem fortgeschrittenen Piloten besteht wohl darin, daß der eine vom Drachen gelenkt wird, während der andere den Drachen lenkt.

Der Lenkmechanismus

Das Prinzip, nach dem man Drachen Figuren fliegen läßt, ist denkbar einfach: Zwei Flugleinen werden an den Drachen geknüpft, genauer gesagt an die Zugpunkte der Drachenwaage. Bei gleichlang gehaltenen Leinen fliegt der Lenkdrachen in die Richtung, in die die Drachenspitze zeigt. Ziehen die Leinen allerdings unterschiedlich stark, muß der Drachen einen Bogen fliegen. Der Pilot hält in jeder Hand einen Lenkgriff. Mit einem Arm wird gezogen oder gedrückt und so der Zug an den beiden Seiten des Drachens verändert. Der Drachen dreht stets um die momentan »kürzere« Flugleine. Wird die Bewegung der Arme rückgängig gemacht, sprich: werden die Hände wieder gleich weit weg vom Körper gehalten, so ist die Symmetrie der Zugkraft beider Leinen wiederhergestellt, und der Drachen fliegt in die Richtung, in die die Drachenspitze zeigt. Das alles ist ein bißchen theoretisch und nicht in zwei Sätzen zu erklären. Deshalb wirst du gerade hierzu noch jede Menge erfahren.

Das »Lenkrad« sind die »Strippen«, mit denen der Pilot den Lenkdrachen steuert. Der Drachen wird mit Bewegungen der Hände und Arme über den Himmel gelenkt und macht das, was der Pilot sich gerade denkt ... oder auch nicht.

Die Strippen werden als Flugleinen, Lenkleinen oder Leinen bezeichnet.

So heißen die einzelnen Teile

Die Drachenspitze wird als **Nase** bezeichnet, sie ist bei allen Konstruktionen, außer den Matten und Vierleinern, einfach zu erkennen.

Einige wenige auffällige Modelle besitzen zwei Drachennasen, beispielsweise der *Cyborg* des Amerikaners Mike Sterling, oder haben eine Stange horizontal durch die Drachennase, wie der *X-Zeta* der Zeta Inc., USA.

Es wird unterschieden zwischen der offenen Drachennase und der geschlossenen Drachennase. Bei einer *offenen Drachennase* sind die oberen Enden der Flügelstäbe von außen zu sehen. Als Verbindung zwischen den Stäben sitzt ein Nasenstück aus Kunststoff oder Schlauch auf den obe-

Cyborg. *Windbereich: 2 bis 6 Bft., Spannweite: 250 cm, Leine: 70 kp. Ob zweifarbig oder als Regenbogen – der Drachen mit den zwei Nasen ist in Leichtwind-, Standard- (s. Abbildung) oder Miniausführung für jeden Windbereich ein besonderes Flugvergnügen.*

▶

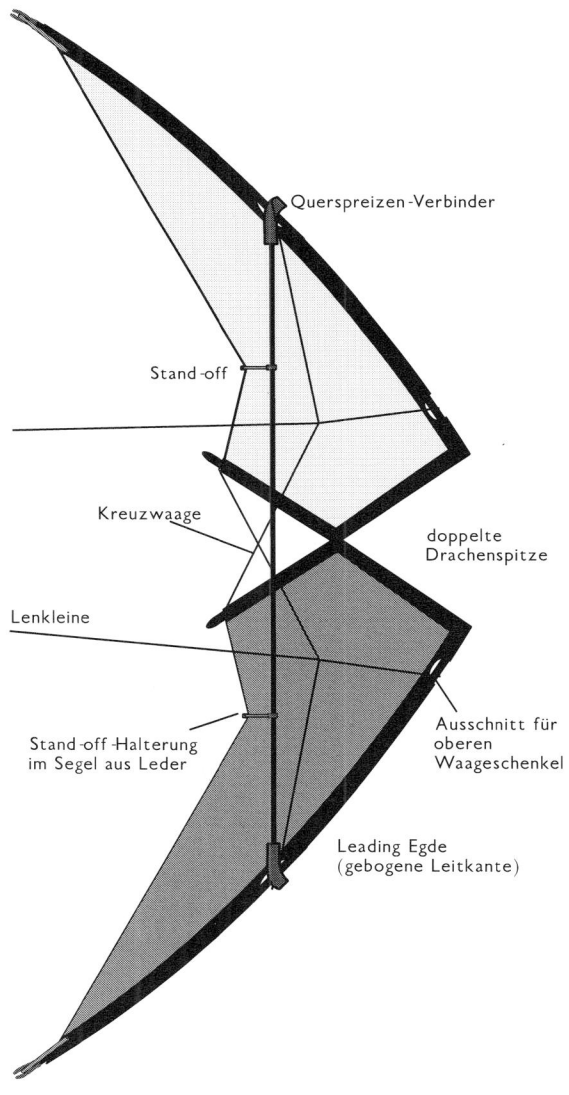

Querspreizen-Verbinder

Stand-off

Kreuzwaage

doppelte
Drachenspitze

Lenkleine

Ausschnitt für
oberen
Waageschenkel

Stand-off-Halterung
im Segel aus Leder

Leading Egde
(gebogene Leitkante)

Grundlagen des Lenkdrachenfliegens

Vorderseite

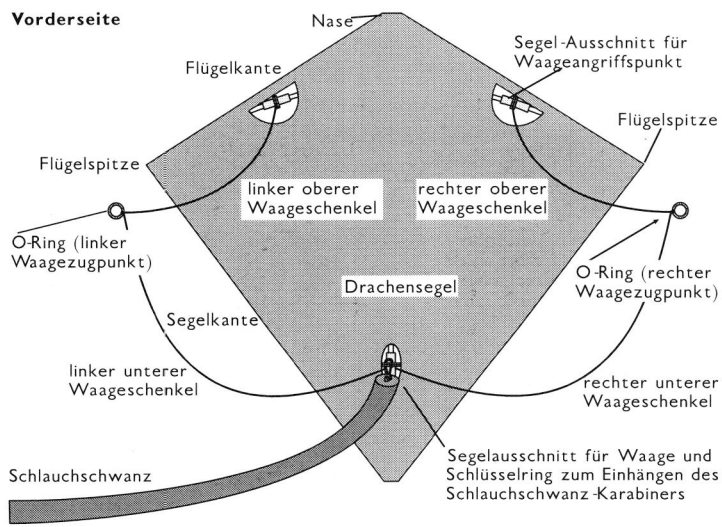

Nase

Segel-Ausschnitt für Waageangriffspunkt

Flügelkante

Flügelspitze

Flügelspitze

linker oberer Waageschenkel

rechter oberer Waageschenkel

O-Ring (linker Waagezugpunkt)

Drachensegel

O-Ring (rechter Waagezugpunkt)

Segelkante

linker unterer Waageschenkel

rechter unterer Waageschenkel

Schlauchschwanz

Segelausschnitt für Waage und Schlüsselring zum Einhängen des Schlauchschwanz-Karabiners

Rückseite

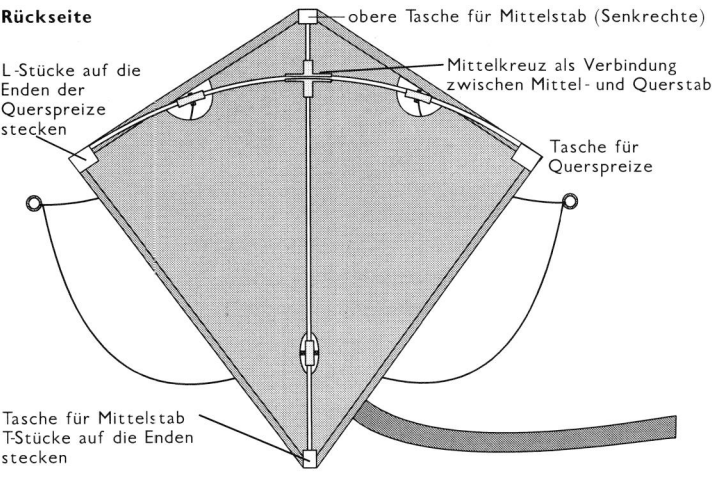

obere Tasche für Mittelstab (Senkrechte)

L-Stücke auf die Enden der Querspreize stecken

Mittelkreuz als Verbindung zwischen Mittel- und Querstab

Tasche für Querspreize

Tasche für Mittelstab T-Stücke auf die Enden stecken

22

ren Enden der Stäbe. In einer *geschlossenen Drachennase* liegen die Flügelstäbe in eigenen Taschen, wobei die Enden der Flügelstäbe keine Verbindung untereinander haben.

In den Außenkanten, deren Verlängerungen die Nase bilden, sitzen die **Flügelstäbe**. Die Kanten werden als **Leitkanten** bezeichnet. Die Bezeichnung linker bzw. rechter Flügelstab verrät, daß allgemein zwischen linkem und rechtem **Flügel** unterschieden wird. Das untere Ende der Flügelstäbe wird als **Flügelspitze** bezeichnet. Die Rhombus- und Delta-Lenkdrachen haben geschlossene Taschen an den Flügelspitzen. Die Stäbe werden von der Nase her in die **Flügelstabtunnel** geschoben. Die meisten Dartdrachen haben offene Flügelstabtaschen an den Flügelspitzen, hier werden die Stäbe von unten her – in Richtung Drachennase – in die Flügelstabtaschen geschoben.

Die Rhombus-, Delta- und Dart-Lenkdrachen haben einen **Mittelstab**, der auch als **Mittelholm** oder Senkrechte bezeichnet wird.

Eine Ausnahme bildet der *Speedwing*, eine Konstruktion, die auf einem Dreieck basiert und keinen Mittelstab benötigt.

Am **Mittelstab** sitzt entweder ein Mittelkreuz, T-Verbinder oder ein Gummiring als Verbindung zur **Querspreize**. Hat die Konstruktion zwei **Querstangen**, das ist bei den meisten Dart-Lenkdrachen der Fall, so wird unterschieden zwischen oberer und unterer Querspreize. Die obere

ACE. *Windbereich: 1,5 bis 5 Bft., Größe: 93 x 93 cm, Leine: 30 kp. Typischer Lenkdrachen in Rhombusform – ein Einsteigerdrachen auch für Kinder. Der Drachen eignet sich zum Gespannflug und wird dann als 2er- und 3er-Set angeboten.*

◀

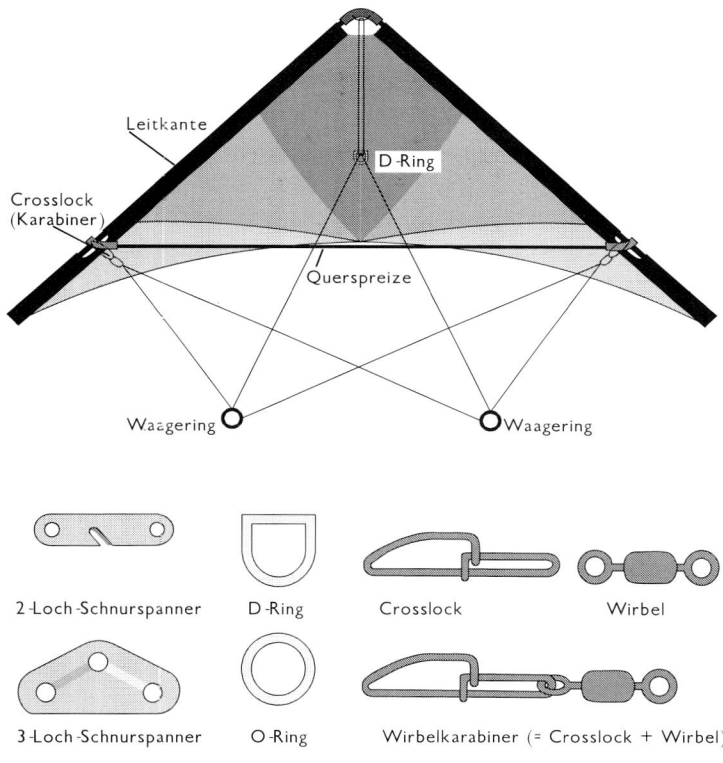

Speedwing. *Windbereich: 2 bis 6 Bft., Spannweite: 117 cm, Leinen: 30 bis 60 kp. Eine der herausragendsten europäischen Drachenentwicklungen: Der Drachen hat keine Senkrechte (Mittelholm), dafür aber eine ungewöhnliche Waagekonstruktion. Der Speedwing ist für den Einsteiger geeignet. Mit den Add-on-Speedwings werden zugstarke Ketten aufgebaut.*

Hawaiian Chevron. *Windbereich: 2 bis 6 Bft., Spannweite: 265 cm, Leine: 100 kp. Der Hawaiian zeichnet sich durch Zugkraft bei präzisen Lenkbewegungen und mäßiger Geschwindigkeit aus.*

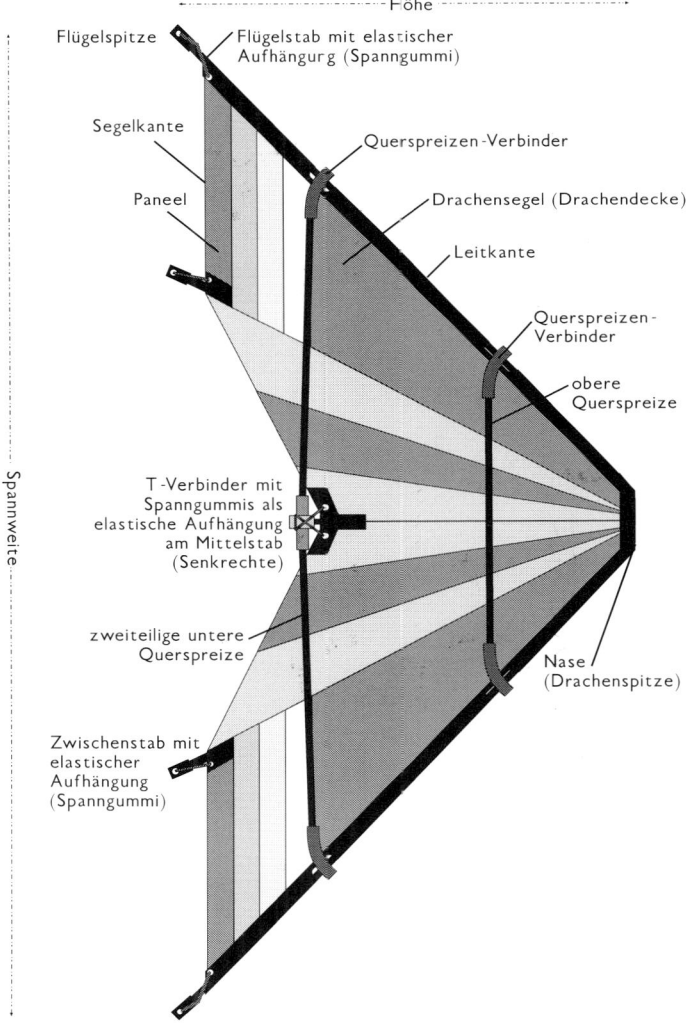

Höhe

Flügelspitze

Flügelstab mit elastischer
Aufhängung (Spanngummi)

Segelkante

Querspreizen-Verbinder

Paneel

Drachensegel (Drachendecke)

Leitkante

Querspreizen-
Verbinder

obere
Querspreize

T-Verbinder mit
Spanngummis als
elastische Aufhängung
am Mittelstab
(Senkrechte)

zweiteilige untere
Querspreize

Nase
(Drachenspitze)

Zwischenstab mit
elastischer
Aufhängung
(Spanngummi)

Spannweite

25

Querspreize ist kürzer und der Drachennase näher als die untere Querspreize, die oft aus zwei Stäben zusammengesetzt wird.

Ein Beispiel für einen Dartdrachen mit Mittelkreuz ist der *Berlin-Dart-Silent-Vario* der Berliner Drachenmanufaktur, der auch auf dem Umschlag abgebildet ist.

Typische Vertreter von Delta-Lenkdrachen mit Gummiring als Querspreizen-Verbinder sind die Modelle von *Skynasaur.*

Eine der Verbindungen zwischen Querspreize und Flügelstab nennt sich **Querspreizen-Verbinder.**

Das Segel des Drachens wird als **Drachendecke** oder **-segel** bezeichnet, die untere Kante des Segels als **Segelkante** oder **Schleppkante.** Zur Verstärkung des Segels werden bei manchen Modellen Stäbe in Taschen am Drachensegel eingeschoben, die keinerlei Verbindungen zur übrigen Stabkonstruktion haben. Diese Stäbe werden als **Segellatten** bezeichnet. Ein schneller Vertreter dieses Drachentyps ist der *Prism Radian,* bei dem windabhängig gleich mehrere Segellatten in das Drachensegel eingesetzt werden.

Passion. *Windbereich 1 bis 4,5 Bft., Spannweite: 218 cm, Leinen 25 bis 75 kp. Gestänge: G-Force UL, Gesamtgewicht 266 Gramm.*
Moderner Freestyle-Drachen für höchste Ansprüche. Präzisions- und Trickflugdrachen. Segeldecke ist mit spezieller Klebefilmtechnik verstärkt und dreidimensional berechnet, d. h. in der Tiefe bildet sich durch den Segelschnitt automatisch ein Bauch. Drei zusätzliche Positionen für die Segelpositionierer erlauben eine individuelle Gewichtung des Dracheneinsatzes. ▶

26

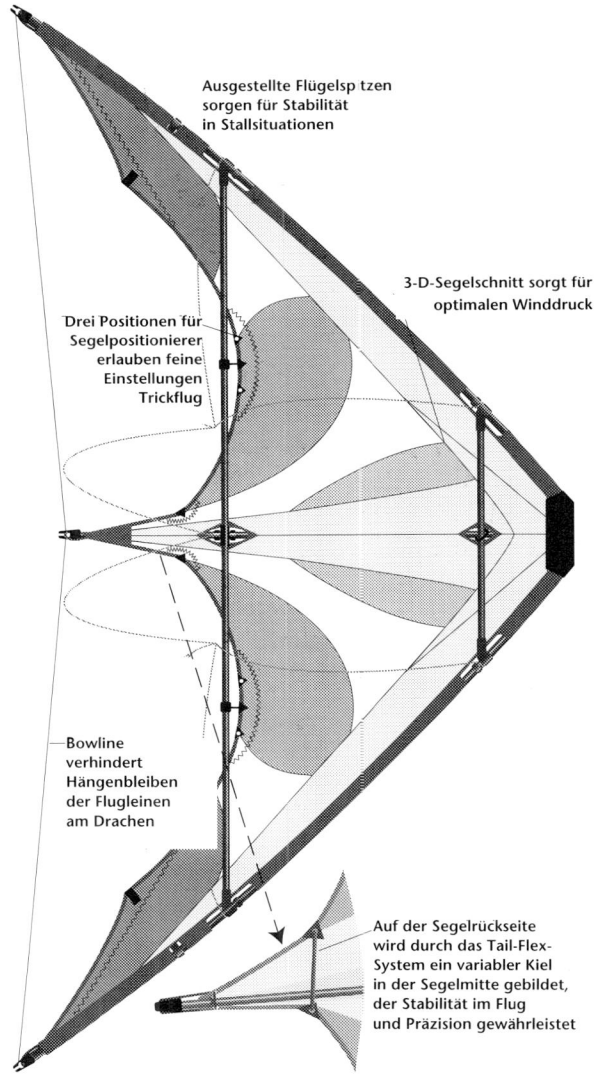

Ausgestellte Flügelsp tzen sorgen für Stabilität in Stallsituationen

3-D-Segelschnitt sorgt für optimalen Winddruck

Drei Positionen für Segelpositionierer erlauben feine Einstellungen Trickflug

Bowline verhindert Hängenbleiben der Flugleinen am Drachen

Auf der Segelrückseite wird durch das Tail-Flex-System ein variabler Kiel in der Segelmitte gebildet, der Stabilität im Flug und Präzision gewährleistet

Wenn der Drachen aber keinen Bauch hat . . .

Um dem Segel eine aerodynamisch günstige Form zu geben, werden dünne Stäbchen zwischen Gestänge und Drachendecke eingesetzt. Die Stäbchen werden **Stand-offs** genannt oder **Stand-outs**, **Cat Wisker**, **Segelabspreizer**, **Abstandhalter** oder **Segelpositionierer**. Sie können auch auf der Segelrückseite zu finden sein, wie das erstmals bei einer Konstruktion von Gerd Blattert, dem Wolkenstürmer 101, der Fall war. Bei vielen Konstruktionen ist das Einsetzen von Stand-offs nicht zwingend erforderlich. Der Drachen erhält dann in der Luft durch den Winddruck seine aerodynamische bauchige Form. Es gibt aber auch Modelle, bei denen der Einsatz dieser Stäbe unbedingt erforderlich ist, z. B. bei *Helium.*

Eine **6er-Formation** *des zweispitzigen Cyborg im Flug.*

Helium ultralight. *Windbereich: 1 bis 4 Bft., Spannweite: 240 cm, Leine: 40 kp. Leiser Lenkdrachen für den unteren Windbereich mit großem Windfenster. Detail rechts oben: Bei aufgebautem Drachen wird zum Einstellen der Spannschnur diese durch die Flügelstabkappe gezogen und markiert. Anschließend wird zur Fixierung der Spannung ein Roringstek mit halbem Schlag gebunden. Die Detailzeichnung in der Mitte zeigt die Tasche für den Segelpositionierer.* ▶

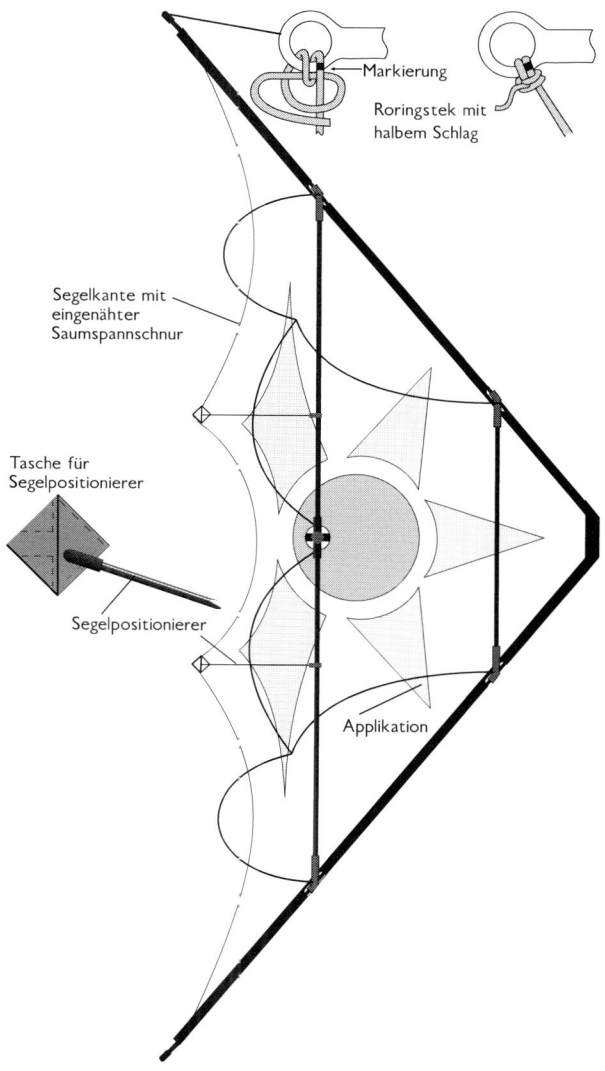

Markierung

Roringstek mit halbem Schlag

Segelkante mit eingenähter Saumspannschnur

Tasche für Segelpositionierer

Segelpositionierer

Applikation

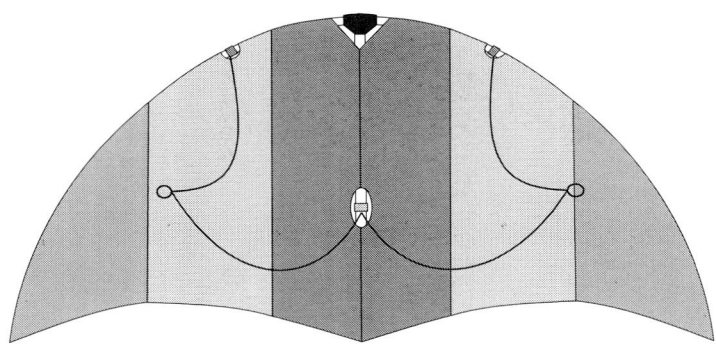

Old Wobble. *Dieser Drachen fliegt sehr gemütlich. Je kräftiger der Wind weht, desto stärker biegt sich das Glasfibergestänge, wodurch in beiden Flügelhälften der Bauch stärker gebildet wird.*

Diese Verformung des Segels in die dritte Dimension – ob durch Winddruck oder mit Unterstützung von Segelpositionierern – ist notwendig, damit der Drachen sich überhaupt lenken läßt. Wie stark das Segel dabei verformt wird, ist abhängig von der Konstruktion. Wichtig für uns ist, daß diese Wölbung Bauch genannt wird. Viele Delta- und Dartdrachen. weisen einen ziemlichen bauch auf, der je nach Größe um 10 cm und mehr heraussteht. Ohne Winddruck sind einige Konstruktionen flach wie eine Flunder, z. B. der *Old Wobble.* Die Flügelstäbe dieses Lenkdrachentyps sind weich und verformen sich je nach Winddruck stärker oder schwächer, somit hat der Drachen einen variablen Bauch.

Session 1.1. *Windbereich 1–4,5 Bft., Spannweite: 186 cm, Leinen: 25–70 kp. Diese moderne Dartform mit aufwendiger Paneelverarbeitung ist in unterschiedlichen Ausführungen zu bekommen: Als Allrounddrachen oder einer Nummer größer als Jam Session (Spw.: 220 cm) oder in weiteren Varianten: Jam Session UL (Leichtwind), Jam Session Vented (Starkwindausführung mit Gaze) und Pro Jam (für Wettbewerbspiloten).*

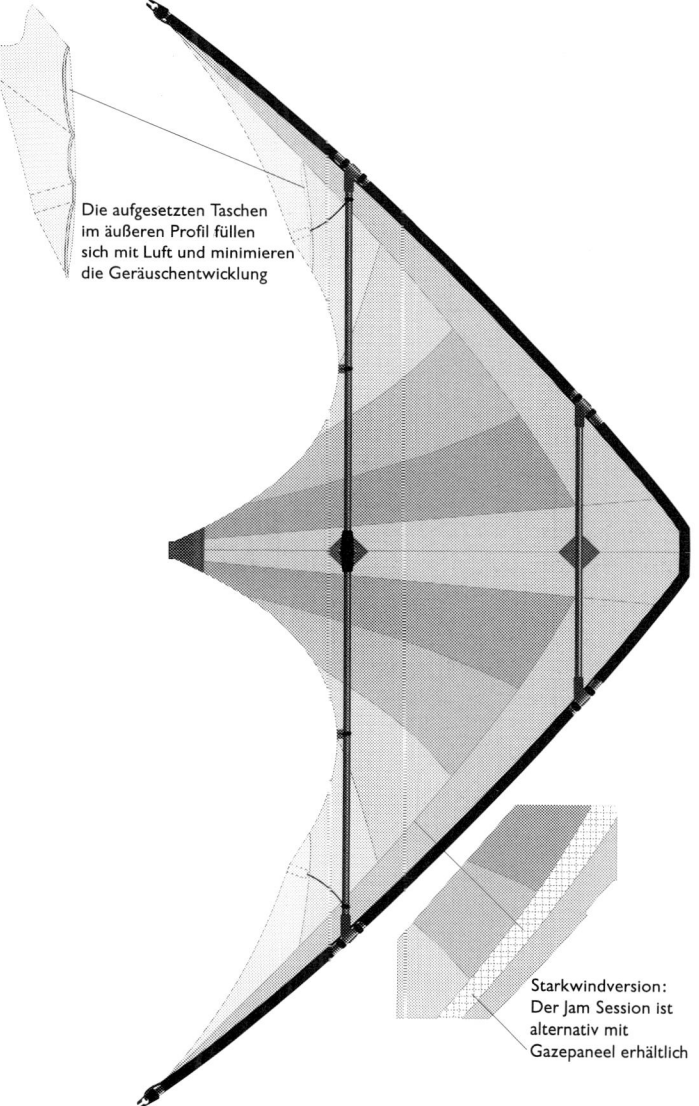

Die aufgesetzten Taschen
im äußeren Profil füllen
sich mit Luft und minimieren
die Geräuschentwicklung

Starkwindversion:
Der Jam Session ist
alternativ mit
Gazepaneel erhältlich

31

Dartdrachen mit steifem Gestänge, großem Nasenwinkel und wenig Bauch sind sehr schnelle Fluggeräte, die schon ein bißchen Flugerfahrung voraussetzen, bevor sich der Pilot an diesen Drachentyp wagen kann.

Die Rhombus-Lenkdrachen, wie der *ACE* oder der *Peter-Powell-Stunter*, werden durch den Winddruck so verformt, daß sie eine V-Form erhalten, die den Drachen im Wind stabilisiert. Je nach Windgeschwindigkeit werden die beiden Segelhälften stärker oder schwächer nach hinten gedrückt. Der *Peter Powell* nimmt hierbei eine Sonderstellung ein, da seine Querspreizen dem Drachen schon ohne Wind eine aerodynamische Form verleihen.

Drachen, die auch ohne Wind ein dreidimensionales, in der Mitte vorgewölbtes Segel haben, sind leichter zu starten. Mit ihnen lassen sich Zwischenlandungen und Bodenakrobatik einfacher ausführen.

Neptune. *Windbereich: 2 bis 6 Bft., Spannweite: 244 cm, Leine: 40 bis 70 kp. Für die Flossenform wird auf der Segelrückseite ein Fiberglasstab eingesetzt.*

▶

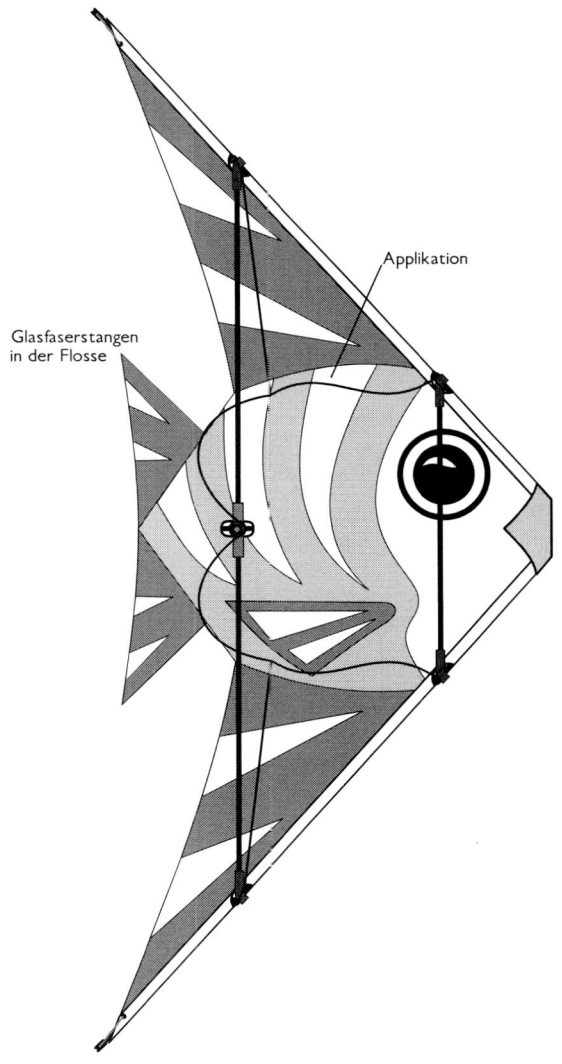

Applikation

Glasfaserstangen
in der Flosse

Mein erster Lenkdrachen – Modellwahl

Aus den vorausgegangenen Abschnitten »Wie die Drachen lenkbar wurden« und »So heißen die einzelnen Teile« sind dir bereits einige Modelle bekannt. Den Matten ist ein eigenes Kapitel gewidmet. Auf Vierleiner gehen wir in diesem Buch nicht näher ein, denn ich bin der Auffassung, daß sie Flugerfahrung voraussetzen. Auch wenn du Hinweise und Informationen, die dir bei der Modellwahl zugute kommen, im ganzen Buch finden kannst, habe ich nachfolgend Tips und Regeln zusammengestellt, auf die du beim Drachenkauf achten solltest.

Der Einsteigerdrachen

Den idealen Einsteigerdrachen gibt es nicht! Es gibt jedoch eine ganze Reihe von Modellen, die geeignet sind, das Drachenfliegen zu lernen und vor allem Spaß an dieser aufregenden Freizeitbeschäftigung zu haben.

Die wichtigsten Faktoren bei der Auswahl

Nicht jedes Lenkdrachenmodell ist für den Einstieg geeignet. Doch selbst wenn man den Kreis der für Einsteiger zu empfehlenden Drachen schon stark eingeengt hat, steht der angehende Lenkdrachenpilot vor der Frage, welcher Drachen *für ihn* der beste ist. Die Wahl wird erleichtert,

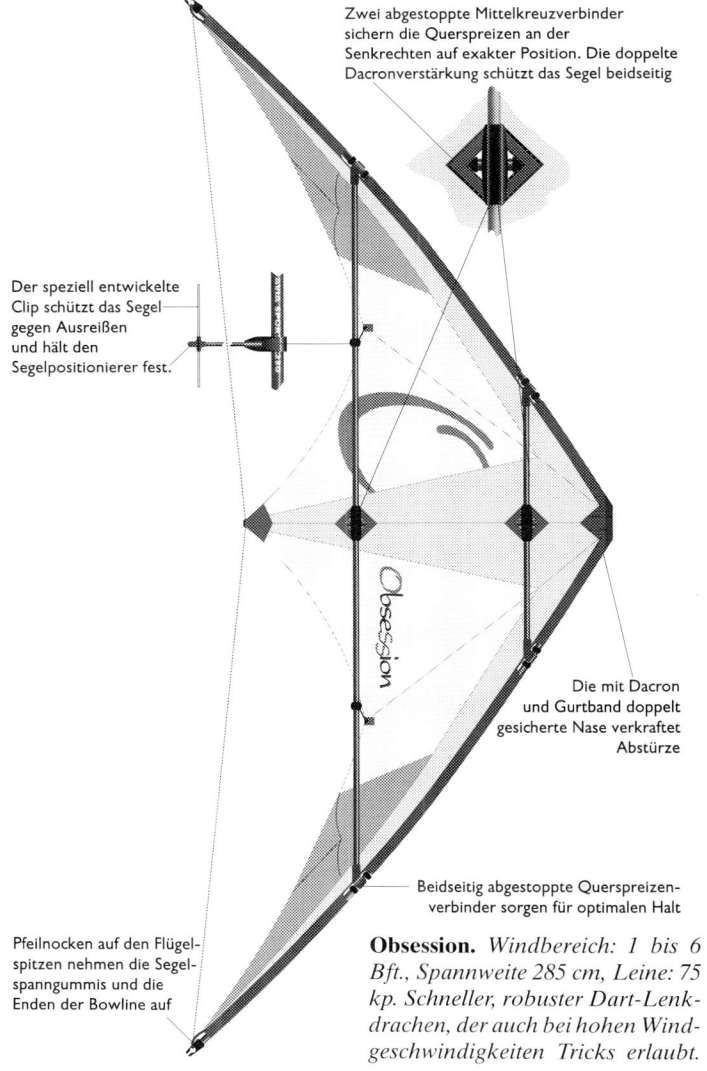

Zwei abgestoppte Mittelkreuzverbinder sichern die Querspreizen an der Senkrechten auf exakter Position. Die doppelte Dacronverstärkung schützt das Segel beidseitig

Der speziell entwickelte Clip schützt das Segel gegen Ausreißen und hält den Segelpositionierer fest.

Die mit Dacron und Gurtband doppelt gesicherte Nase verkraftet Abstürze

Beidseitig abgestoppte Querspreizenverbinder sorgen für optimalen Halt

Pfeilnocken auf den Flügelspitzen nehmen die Segelspanngummis und die Enden der Bowline auf

Obsession. *Windbereich: 1 bis 6 Bft., Spannweite 285 cm, Leine: 75 kp. Schneller, robuster Dart-Lenkdrachen, der auch bei hohen Windgeschwindigkeiten Tricks erlaubt.*

wenn man sich die wichtigsten Faktoren, die den Kaufent-
schluß beeinflussen, vor Augen hält:
– Größe des Drachens,
– Leichtwinddrachen oder Starkwinddrachen?
– Preis,
– dominierende Flugeigenschaften,
– weitere Ambitionen des Käufers,
– Alter des Drachenbesitzers (Kind oder Erwachsener),
– Geräuschentwicklung,
– Bruchfestigkeit.

Großdrachen müssen noch warten

Großdrachen, ab einer Spannweite von 3 Metern, und zug-
kräftige Matten sind erst dann zu fliegen, wenn der Pilot
das Drachenfliegen beherrscht. Die großen Kräfte, die
beim Fliegen solcher Drachen auftreten, erfordern einige
Erfahrung im Umgang mit dem Drachen, um sich richtig zu
bewegen und den auftretenden Kräften durch gekonnten
Körpereinsatz entgegenzuwirken.
Ich empfehle dir zunächst einen preiswerten Drachen, der
sich unkompliziert starten und fliegen läßt. Wenn dein
Können sich dann so weit entwickelt hat, daß du den Drachen beherrschst und nicht umgekehrt, kannst du dich an
den heiß ersehnten Profidrachen heranwagen.
Und vergessen wir nicht: Für manch einen ist ein klassischer *Hawaiian* bereits ein Großdrachen.
Wer sich innerlich schon auf ein ganz bestimmtes Modell
festgelegt hat, dem sei gesagt: Von Großdrachen gibt es
meistens kleinere Varianten in Mini- und Mediumausfüh-
rung, die man sich für den Einstieg näher anschauen sollte.

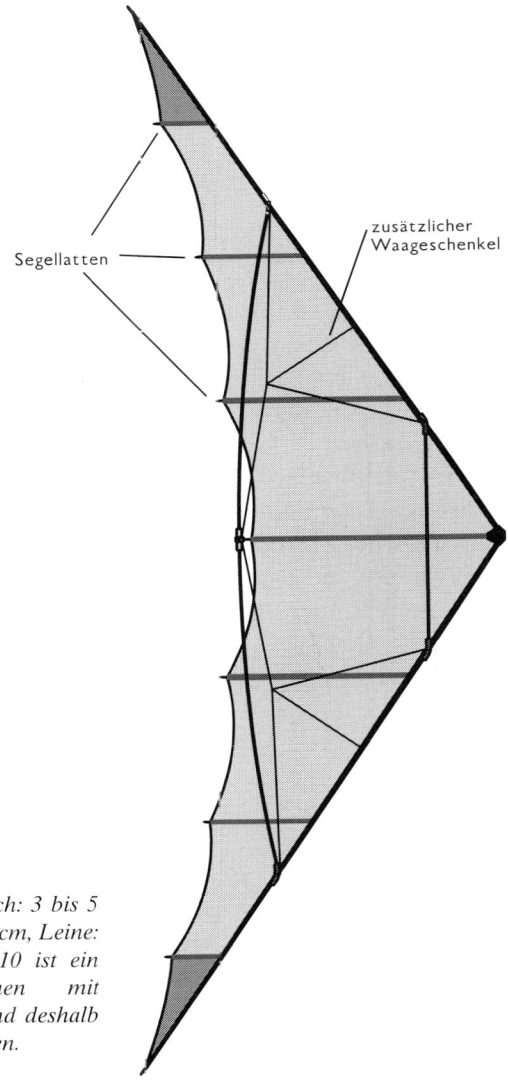

Segellatten

zusätzlicher
Waageschenkel

Force-10. *Windbereich: 3 bis 5 Bft., Spannweite: 488 cm, Leine: 250 kp. Der Force-10 ist ein Groß-Sportlenkdrachen mit enormer Zugkraft und deshalb kein Einsteigerdrachen.*

37

Tip: Auf die Miniausführungen sollte, wenn ein Medi-
ummodell verfügbar ist, verzichtet werden. Kleine Drachen reagieren sehr nervös, brauchen mehr Wind, um zu
fliegen, und sind in den Lenkbewegungen sensibler als
größere Ausführungen.

Windreiche Gegend – windarme Gegend?

In einer Gegend mit weniger Wind sollte deine Wahl auf
einen **Drachen mit größerer Segelfläche** fallen.
Umgekehrt sind in einer Gegend, für die hohe Windgeschwindigkeiten typisch sind, z. B. küstennahe Gebiete, **ro-
bustere kleinere Modelle** zu bevorzugen, beispielsweise
Delta-Lenkdrachen.
Über das zuständige Wetteramt, im nahen Drachenladen
und auf Flugplätzen läßt sich in Erfahrung bringen, welche
Windgeschwindigkeiten im Jahresdurchschnitt in der entsprechenden Gegend herrschen.

Wieviel Geld willst du ausgeben?

Die Spannweite reicht von 40,– bis über 1500,– DM . Für
einen Drachen, der nicht aus Plastikfolie, sondern sauber
genäht ist und länger halten soll, sind 100,– DM einzupla-
nen. Die geeignetsten Einsteigerdrachen kosten zwischen
150,– DM und 250,– DM. Professionell ausgeklügelte Drachen sind 100,– DM teurer.
Spitzenlenkdrachen für den Einzel- und Teamflieger kann
man für 400,– DM bis 700,– DM erstehen.
Großdrachen und Matten kosten im allgemeinen noch
mehr, da mehr Material verarbeitet werden muß und das

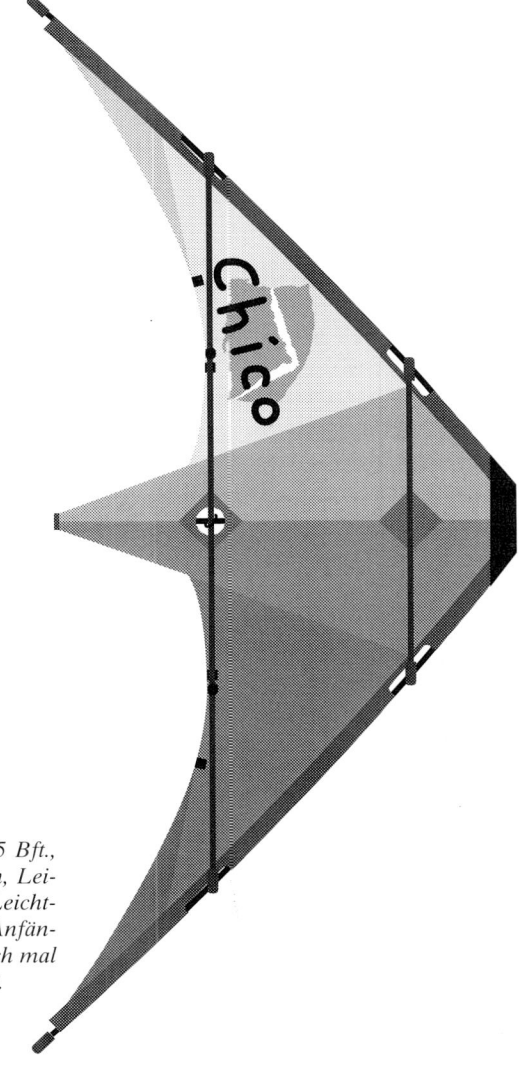

Chico.
Windbereich 1 bis 5 Bft., Spannweite: 140 cm, Leinen: 25 bis 45 kp. Leichtwindtauglicher Anfängerdrachen, der auch mal Lenkfehler verzeiht.

Gestänge wesentlich teurer ist. Allerdings sind manche Matten schon für 200,– DM zu haben – hier macht sich das Fehlen des Gestänges bemerkbar.

Dominierende Flugeigenschaften

Der Erwerb einer Stradivari garantiert keineswegs, daß der glückliche Besitzer nun virtuos Geige spielt. So manche Drachenmodelle, deren Flugverhalten den Zuschauer in Verzückung versetzen, haben's in Wahrheit in sich. Schnelle Modelle sind äußerst reizvoll, aber nicht geeignet, das Drachenfliegen zu erlernen. Erstens brauchen diese Drachen ein wenig mehr Wind als klassische Rhombus-, Delta- oder Dartformen, und zweitens erfordern sie bei genügendem Wind, ab 3 Beaufort, wenn sie richtig schnell werden, ein höheres Maß an Konzentration. Drachen dieser Bauweise – zu ihnen gehören der *Wolkenstürmer 101*, der *Elektron* und der *Radian* – sollten erst nach dem Erlernen des Drachenfliegens ins Auge gefaßt werden.

Übrigens, man kann einem Drachenmodell ansehen, ob es ein schneller oder ein »gemütlicher« Drachen ist. Die

Faustregel lautet:
- Großer Nasenwinkel (ca. 140 Grad), kleiner Bauch – schneller Drachen
- kleiner Nasenwinkel (unter 120 Grad), großer Bauch – langsamer Drachen (z. B. *Hawaiian*, *Aerobat*)

Bei vielen Drachen ist der Preis für gute Manövrierfähigkeit ein widerborstiges Temperament beim Starten. Ehe der Drachen zeigen konnte, wozu er in der Luft fähig ist, haben ihm die vielen Abstürze das »Genick« gebrochen,

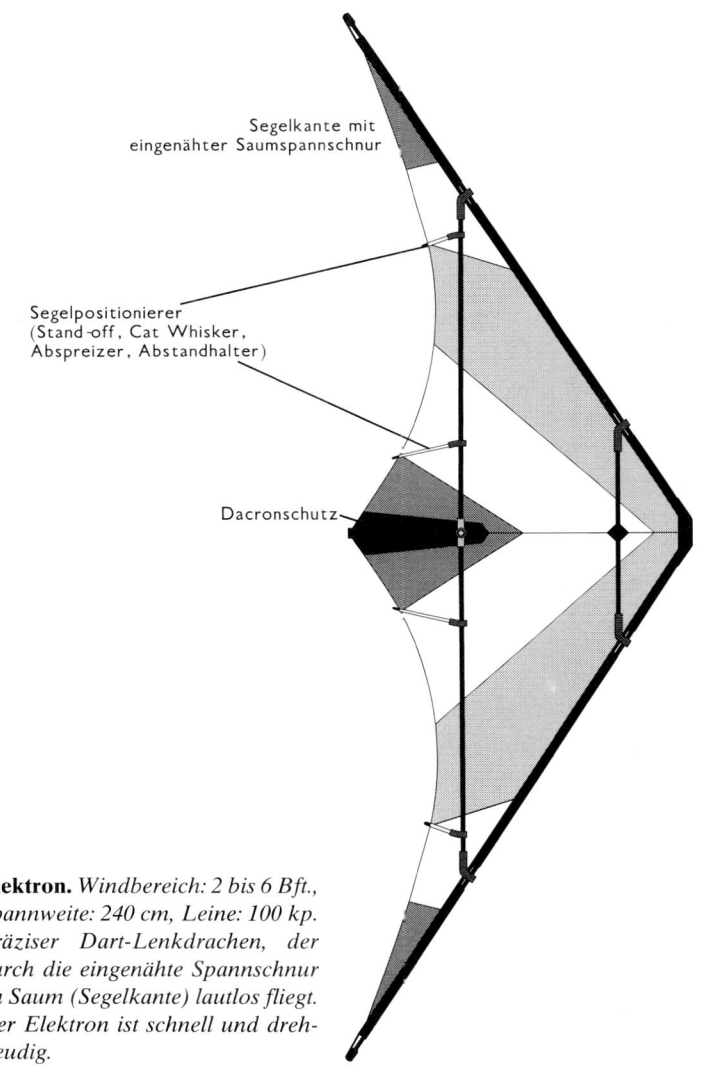

Segelkante mit
eingenähter Saumspannschnur

Segelpositionierer
(Stand-off, Cat Whisker,
Abspreizer, Abstandhalter)

Dacronschutz

Elektron. *Windbereich: 2 bis 6 Bft., Spannweite: 240 cm, Leine: 100 kp. Präziser Dart-Lenkdrachen, der durch die eingenähte Spannschnur im Saum (Segelkante) lautlos fliegt. Der Elektron ist schnell und drehfreudig.*

41

und auch der Pilot, der so erwartungsfroh die Wiese betreten hat, ist nach dem soundsovielten Verweigern seines Drachens ein gebrochener Mann ...

Ein Einsteigerdrachen muß unbedingt problemlos zu starten und zu landen sein.

Welchen Drachen willst du später mal fliegen?

Wenn eine *Lenkdrachenkette* dein größter Wunsch ist, fängst du mit *einem* Drachen – deinem späteren Leitdrachen – die ersten Flugversuche an, bevor du dir nach und nach die **Add-on-Drachen** für die Kette anhängst.
Bist du eher auf *Flitzer* aus, solltest du zum Einstieg zu einem Drachen greifen, der der Form schon näherkommt, also einen großen Nasenwinkel aufweist und dennoch preiswert ist. Der Klassiker in dieser Richtung heißt **Spinn-Off** und ist in Mediumgrößen unter anderen Bezeichnungen zu bekommen.

> **Tip:** Die großen **Dartdrachen** haben meist kleine Brüder, die nicht so zugstark und vor allem preiswerter sind. Mit einem solchen Modell lernst du die Eigenheiten dieses Typs kennen und kannst diese Erfahrungen später beim größeren Modell verwerten.

Wenn der Pilot noch klein ist ...

Da Drachenfliegen keine Angelegenheit irgendeiner Altersgruppe ist, kann von Kindesbeinen ab 5 Jahren bis ins hohe Alter dieser Freizeitbeschäftigung nachgegangen

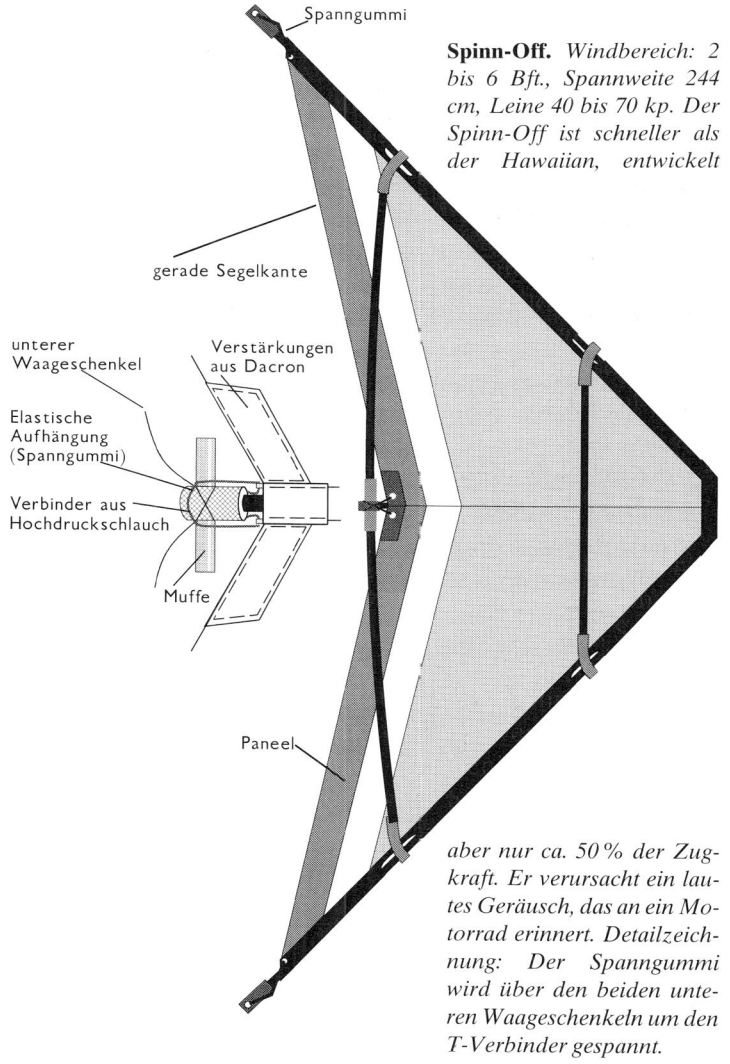

Spanngummi

gerade Segelkante

unterer
Waageschenkel

Verstärkungen
aus Dacron

Elastische
Aufhängung
(Spanngummi)

Verbinder aus
Hochdruckschlauch

Muffe

Paneel

Spinn-Off. *Windbereich: 2 bis 6 Bft., Spannweite 244 cm, Leine 40 bis 70 kp. Der Spinn-Off ist schneller als der Hawaiian, entwickelt*

aber nur ca. 50 % der Zug- kraft. Er verursacht ein lau- tes Geräusch, das an ein Mo- torrad erinnert. Detailzeich- nung: Der Spanngummi wird über den beiden unte- ren Waageschenkeln um den T-Verbinder gespannt.

werden. Also können auch ganz kleine Leute bereits mit Lenkdrachen fliegen. Kinder lernen schnell, verlieren aber auch bald die Lust am Lenkdrachenfliegen, wenn der Drachen zu zugstark ist und sie überfordert werden. Aus eigener Erfahrung kann ich weitergeben, daß ein **Rhombusdrachen für Kinder unter 10 Jahren** wohl der beste Einstieg ist. **Ab 10 Jahren** können der **Speed Wing** und **Mediumvarianten der Großlenkdrachen** geflogen werden.

Faustregel: Wenn ein Kind sicher radfahren kann, verfügt es auch über die Voraussetzungen zum Lenkdrachenfliegen: Auge-Hand-Koordination, Kraft, Gleichgewichtsempfinden und Umsicht.

Laute Drachen – leise Drachen

Im allgemeinen fliegen Lenkdrachen, obwohl sie doch ohne Motorkraft auskommen, nicht völlig geräuschlos. Verantwortlich für die Geräuschentwicklung ist die Schleppkante der Segel, die beim Jagen durch die Lüfte in Schwingungen versetzt wird. Manche finden das ja besonders reizvoll. Aber immer mehr Drachenfreunde haben inzwischen etwas gegen den unnötigen Lärm.

Folgende Konstruktionselemente weisen auf einen leisen Drachen hin:
– geschwungene Schleppkante (Beispiel: *Helium*),
– Spannschnur der Schleppkanten (Beispiel: *Elektron*),
– Kantenverstärkung (Beispiel: *Radian*),
– Segellatten,
– Taschen an der Schleppkante,
– Verwendung von Gazestücken.

44

Bruchfestigkeit

Ohne Abstürze geht das Lenkdrachenfliegen nicht ab, erst recht nicht während der Lehrzeit eines Drachenpiloten. Wenn ein Drachen neben den zuvor schon genannten Tugenden auch noch eine gesunde Robustheit aufweist, ist er damit ein idealer Einsteigerdrachen. Worauf sollte man unter diesem Aspekt beim Kauf achten? Der senkrechte Mittelstab sollte Stoßdämpfereigenschaften haben, also entweder aus flexiblem Material (z. B. GFK) sein oder mit einer elastischen Aufhängung (z. B. einer Gummispannschnur) (vgl. Abb. Spinn-Off) versehen sein.

Wo kaufen?

Nachdem du schon eine Vorauswahl getroffen hast, empfehle ich dir in jedem Fall den Besuch eines Spezialgeschäfts. Dort kannst du das gewünschte Modell (oder ein bauähnliches) bekommen. Das Fachpersonal kennt die vielen Bezeichnungen und wird dir zu den Varianten, die dort unter anderem Namen verfügbar sind, die Unterschiede erklären. Wenn du allerdings in einem Kaufhaus, Schreibwarenladen oder Kaffeeshop einen Drachen erwerben willst, mußt du schon genau wissen, welches Modell du willst.
Nach meiner Erfahrung bekommst du außerhalb der Fachgeschäfte keine befriedigende Beratung und Detailinformation, ausgenommen die über die verfügbaren Farbkombinationen und die Auskunft, was das Modell kostet. Spätestens wenn du Ersatzteile für deinen Drachen brauchst, mußt du ein Drachenfachgeschäft aufsuchen. Ich empfehle dir: Geh gleich dorthin.

Mein Drachenkauf-Tip

Nachdem du die verschiedenen Faktoren, die man vor einem Drachenkauf bedenken sollte, geprüft hast, weißt du bereits genau, was du nicht möchtest. Für all jene, die keine speziellen Anforderungen an ihren ersten Lenkdrachen stellen, möchte ich nun einige wenige Tips wagen:

● **Peter Powell** – (vgl. Abb. auf Seite 48) ein sympathisches Einsteigermodell mit ausgezeichneten Flugeigenschaften, das auch viele fortgeschrittene Piloten begeistert. Er verdankt seine Tugenden maßgeblich der Tatsache, daß er die so wichtige aerodynamische V-Form (leicht nach hinten geschwenkte Flügel) bereits nach dem Aufbau aufweist. So ist er leicht zu starten – im Gegensatz zu vielen Modellen, die erst in der Luft ihre endgültige Form annehmen.

● **ACE**. Dieser Rautendrachen (s. Abb. auf Seite 22) mittlerer Größe hat dank seinem gebogenen Querstab nach dem Start an eine V-Form und damit seine aerodynamisch günstige Form. Leicht zu starten, wendig in der Luft, gut zu steuern, belastbar und preiswert – das sind die Vorzüge des ACE.

● **Deltadrachen (Delta-Stunter)** sind nur unter Vorbehalt als Einsteigermodell zu empfehlen. Sie sind relativ schwierig einzustellen und auch zu landen, so daß sich das erhoffte Flugvergnügen oft noch nicht einstellt. Dennoch gibt es auch in dieser Gruppe empfehlenswerte Einsteigervarianten, zum Beispiel den *Aerobat* von Skynasaur.

● **Klassische Dartdrachen** mit einer Spannweite bis zu 2,50 m, gerader Schleppkante und einem Nasenwinkel um 100 Grad. Beispiel: *2200 Z* (vgl. Abb. 89).

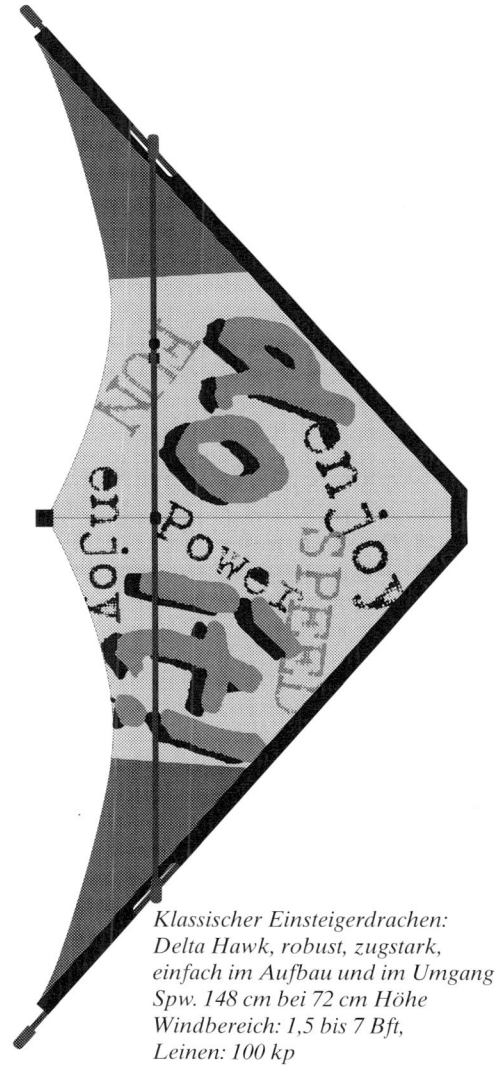

Klassischer Einsteigerdrachen:
Delta Hawk, robust, zugstark,
einfach im Aufbau und im Umgang
Spw. 148 cm bei 72 cm Höhe
Windbereich: 1,5 bis 7 Bft,
Leinen: 100 kp

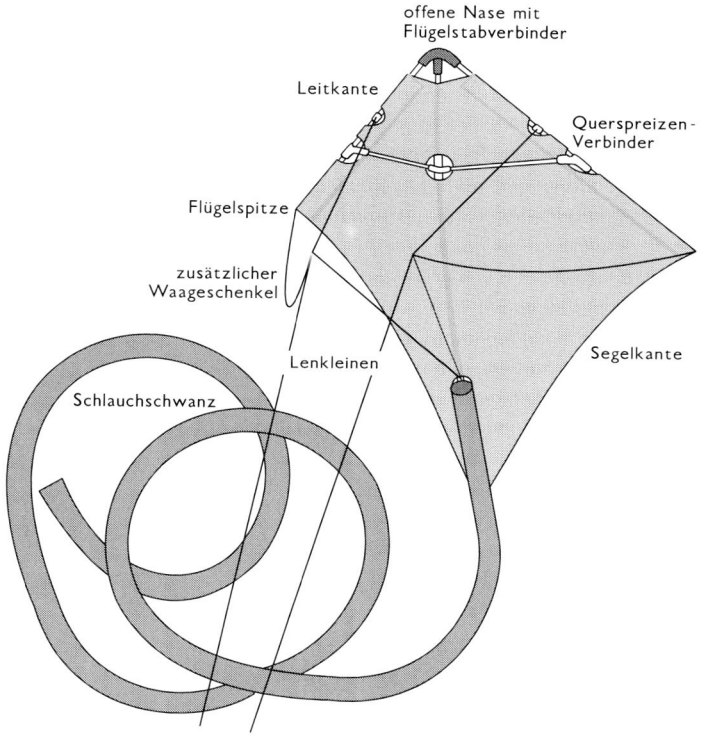

offene Nase mit
Flügelstabverbinder

Leitkante

Querspreizen-
Verbinder

Flügelspitze

zusätzlicher
Waageschenkel

Lenkleinen

Segelkante

Schlauchschwanz

Peter Powell Stunter. *Windbereich: 2,5 bis 6 Bft., Größe: 122 x 117 cm,
Leine: bis 60 kp. Wichtig beim Aufbauen: Die Querspreizen werden auf der
Vorderseite eingesetzt.*

48

Billigdrachen – was kann man erwarten?

Vorteile

Lenkdrachenvergnügen mit Einschränkungen, aber für wenig Geld

● Schon für 15,– bis 40,– DM erhält man einen flugtüchtigen Lenkdrachen, der tatsächlich Loopings und andere Figuren fliegen kann und etliche Turns schafft.

● Der Aufbau eines Gespanns ist prinzipiell möglich.

● Billigdrachen werden komplett ausgestattet angeboten – Griffe und Flugleinen werden mitgeliefert und sind im Preis einbegriffen.

Bei professionellen Modellen dagegen müssen die Flugleine und die Lenkgriffe extra gekauft werden. Man bedenke: Gute Leinen kosten oft schon mehr als das gesamte Billigdrachenset. Gute Griffe, Schlaufen oder Ringe kosten dann zusammen mit der unvorbereiteten Leine zwischen 50,– und 120,– DM.

Einschränkungen

Mäßige Flugeigenschaften und kleines Windfenster

● Billigdrachen fliegen bei schwachem Wind noch nicht und sind bei starkem Wind nicht mehr steuerbar.

Bei der *Rhombus*form liegt der nutzbare Windbereich zwischen 2,5 und 4 Beaufort, stärkerer Wind drückt das weiche, dünne Gestänge so stark zusammen, daß der Drachen sich wie ein fast unsteuerbarer Stoffetzen im Wind bewegt. Billige *Delta*konstruktionen brauchen mit 3 Beaufort noch etwas mehr Wind, bevor sie mit Spaß geflogen werden können.

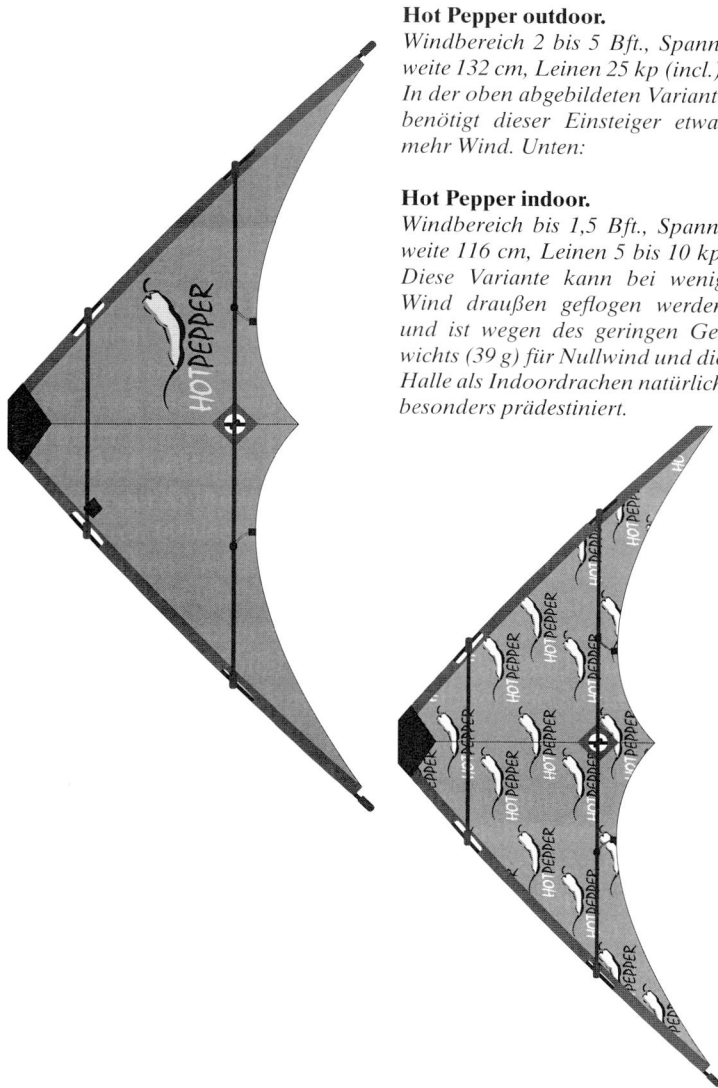

Hot Pepper outdoor.
Windbereich 2 bis 5 Bft., Spann-
weite 132 cm, Leinen 25 kp (incl.).
In der oben abgebildeten Variante
benötigt dieser Einsteiger etwas
mehr Wind. Unten:

Hot Pepper indoor.
Windbereich bis 1,5 Bft., Spann-
weite 116 cm, Leinen 5 bis 10 kp.
Diese Variante kann bei wenig
Wind draußen geflogen werden
und ist wegen des geringen Ge-
wichts (39 g) für Nullwind und die
Halle als Indoordrachen natürlich
besonders prädestiniert.

● Da die Leinen aus preiswerten, aber leider extrem dehnbaren Fasern hergestellt sind, muß der Pilot sehr starke Lenkbewegungen ausführen. Der Drachen reagiert auf die Lenkimpulse des Piloten erst mit Verzögerung, was bei höheren Fluggeschwindigkeiten sogar den Absturz zur Folge haben kann.

● Die Waagekonstruktionen erlauben kaum Verstellmöglichkeiten, es ist also nicht oder nur selten bzw. mit großem Aufwand möglich, Drachen dem Tageswind anzupassen.

● Die einfachen Waagen haben, konstruktionsbedingt, weniger Angriffspunkte am Gerüst, wodurch Kompromisse im Flugverhalten gemacht werden müssen. So können keine engen Loopings und schnellen Wendemanöver geflogen werden.

● In dem kleinen Windfenster von 130 bis 140 Grad, das diese Modelle maximal abdecken, ist an den Rändern sehr umsichtig zu steuern, da der Drachen sonst in den Flattersturz übergeht und unsteuerbar zu Boden fällt.

● Für Trick- und Teamflug sind Billigdrachen nicht geeignet.

Lenkdrachengespanne – ja, aber . . .

Der Aufbau eines Lenkdrachengespanns scheitert wahrscheinlich an der Tatsache, daß es zu dem Exemplar keine passenden **Add-on-Drachen** gibt und das Modell nach dem Abverkauf nicht mehr lieferbar ist. Wer ein Gespann zusammenstellen möchte, sollte beim Griff zum Billigdrachen sofort die geplanten Anhängerdrachen mitkaufen. Es können nur kleine Ketten mit drei Drachen durch selbst hergestellte Verbindungsleinen miteinander gekoppelt werden. Hängen mehr als zwei Drachen am Leitdrachen, verzieht sich das Gestänge des ersten Drachens zu stark.

Nachteile

Geringere Haltbarkeit
Seltener sind genähte Kanten zu finden. Meist wurde mit einem Heißschneider oder Lötkolben ausgeschnitten, so daß die Ränder »heiß« versiegelt sind.

Vernähte Kanten wurden oft nur mit einer offenen Naht gesichert. Bei gut verarbeiteten Drachen dagegen sind aufwendigere Designs aus mehreren Segelteilen mit geschlossenen doppelten Nähten oder offenen, sauber verklebten Nähten, die mit einem zweiten Zickzack- oder Zierstich gesichert sind, eines der Qualitätsmerkmale.

Drachensegel, die lediglich »heiß« geschnitten sind, fransen viel schneller aus und reißen leichter ein. Einfache offene Nähte können leichter verletzt werden, so daß die gesamte Naht aufgetrennt wird und das Segel ebenfalls schnell ausfranst.

Nach einem harten Absturz oder durch hohe Beanspruchung nimmt solch ein Drachen meist ernsthaft Schaden, so daß man sich von vornherein auf ein ziemlich kurzes Flugvergnügen einstellen sollte.

Viele Einzelteile, keine Bauanleitung
Die Stäbe und Waage müssen vor dem ersten Fliegen selbst montiert werden. Es liegen aber keine oder nur sehr spartanische Aufbauanleitungen bei, die dann meist in englisch geschrieben sind, da diese Drachen weltweit vertrieben werden. Zu Hause muß das Puzzle aus Stabendkappen, Ringen, Verbindern und Strippen ohne Hilfe zusammengebaut werden.

Professionellere Modelle sind fertig bestückt, das heißt, alle Stäbe und Stangen sind mit ihren Endkappen und

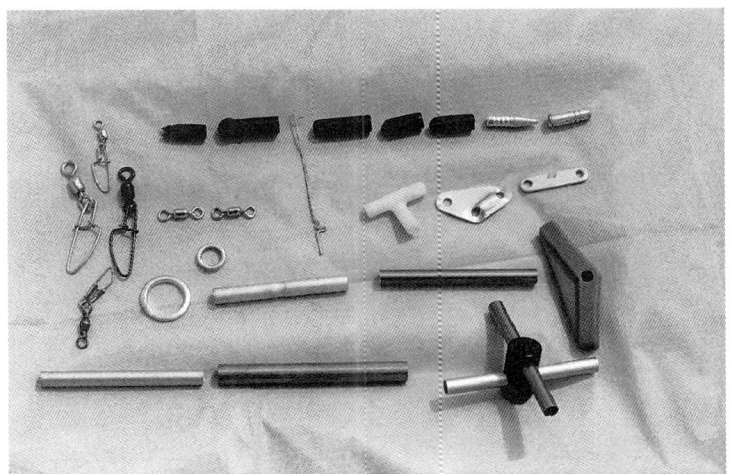

Von links oben: Wirbelkarabiner, Pfeilnocke, Dops, Endkappen, Pfeilnokken-Adapter, Wirbel, Spleißnadel, T-Verbinder, Schnurspanner, O-Ringe, Muffen, Kreuzverbinder und Wirbelkreuz.

Querspreizenverbindern komplett montiert. Die Drachenwaagen sind ebenfalls richtig montiert und bereits eingestellt. Wird dazu ein fertiges Leinenset gekauft, kann man mit einem solchen Drachen sofort auf die Drachenwiese gehen und fliegen.

Geringe Qualität beim Zubehör
Die Lenkgriffe sind aus Plastik oder einem einfachen Stück Rundholz gefertigt und liegen ergonomisch ungünstig in den Händen. Das Gleitvermögen der Leinen ist gering, so daß relativ wenige Turns auf die Leinen geflogen werden können, bis die Leinen blockieren und der Drachen sich nicht mehr steuern läßt. Die Dehnung der Leinen ist mit über 20% extrem, weshalb der Pilot sehr starke Lenkbewegungen ausführen muß.

Selber bauen macht Spaß

Wenn du dich entschieden hast, deinen ersten Lenkdrachen selbst zu bauen, dann greife auf die ausreichende Auswahl an guten Büchern zum Thema Drachenbauen zurück. Im Anhang habe ich eine gewisse Auswahl getroffen, die ich auf diesem Wege an dich weiterempfehlen möchte. Lenkdrachen-Baubücher erklären den Umgang mit den Materialien und Werkzeugen. Vor allem findet man dort eine Sammlung von Bauplänen mit einer detaillierten Beschreibung. Darüber hinaus gibt es im Fachhandel über dreißig Baupläne, die das jeweilige Modell ausführlich beschreiben. Selbstbau setzt etwas Erfahrung im Nähen, vor allem im Umgang mit der Nähmaschine, und handwerkliches Geschick voraus.

Kriterien bei der Modellauswahl für den ersten Eigenbau:

1. Wenige Teile zum Zusammennähen und zum Zusammenbau;
2. Geradeausnähte, gerade Kanten;
3. Tolerantes Modell, gutmütig zu fliegen.

Folgende Modelle kann ich unter anderem empfehlen: Hawaiian, Spin-off, Jet, no na me, Phantom, Run Dart, Spectre, Speedwing, Spitfire, Sky-Dart.
Für eine gute Beratung wende dich an die Fachleute in den Drachengeschäften, die dir weitere Modelle nennen und bei Problemen gern weiterhelfen.

Super Sky Dart. *Windbereich: 2,5 bis 7 Bft., Spannweite 284 cm, Leine: 130 kp. Dieser Lenkdrachenklassiker hat für sehr viele Dartvarianten Modell gestanden. An den geraden Segelkanten ist abzulesen, daß der Drachen nicht leise fliegt.*

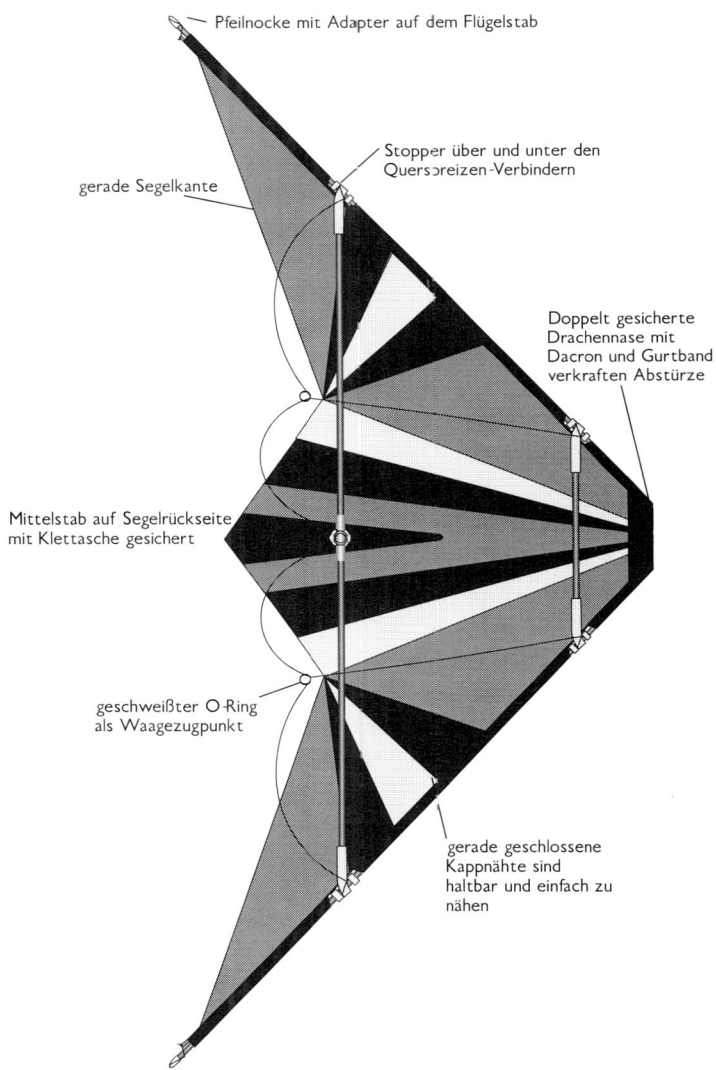

Pfeilnocke mit Adapter auf dem Flügelstab

Stopper über und unter den Querspreizen-Verbindern

gerade Segelkante

Doppelt gesicherte Drachennase mit Dacron und Gurtband verkraften Abstürze

Mittelstab auf Segelrückseite mit Klettasche gesichert

geschweißter O-Ring als Waagezugpunkt

gerade geschlossene Kappnähte sind haltbar und einfach zu nähen

55

Heutzutage sind jede Menge von Lenkdrachen zu bekommen, die sich nur in einigen Details und manchmal sogar nur in der Aufteilung des Segels unterscheiden. Selbst der Lenkdrachenexperte hat hier schon Schwierigkeiten. Aus diesem Grunde verlangt niemand von einem Einsteiger, hier noch den Überblick zu behalten.

Der Dschungel bei den Lenkdrachenbezeichnungen hat sich vor allem dadurch gebildet, daß geschützte Modelle gezielt abgewandelt werden, um den Schutz dieser Modelle zu umgehen, während die entscheidenden Charakteristika beibehalten werden. In den USA sind die Gesetze diesbezüglich viel strenger, und es ist dort nicht so leicht, die 96. Variante eines erfolgreichen Drachens unter leichten Veränderungen auf den Markt zu bringen.

Fertig kaufen oder nach Wunsch zusammenstellen?

Wenn du einmal im Drachenladen bist, um den heißersehnten Lenkdrachen zu kaufen, gehe nicht hinaus, ohne zumindest auch die Lenkleinen und die Griffe erworben zu haben.

Für den Lenkdrachenfreak gibt es nur eine Alternative: Er stellt sich den Drachen nebst unentbehrlichem Zubehör Stück für Stück selbst zusammen. Aber es geht auch anders.

Fertigkauf: Lenkleinen und Griffe

Lenkleinen werden auch fertig konfektioniert auf Ringen angeboten. Die Leine ist abgelängt (linke und rechte Leine von gleicher praktikabler Länge), ummantelt oder ge-

spleißt und mit einem Wirbelkarabiner auf Ringe aufgewickelt. Die Ringe können zur Steuerung verwendet werden, wenn der Drachen nicht sehr zugstark ist. (*Weiteres
siehe Seite 60 ff.*)
Bevorzugt man Griffe oder Schlaufen statt Ringen, können
diese mit einem zusätzlichen Paar Karabiner an das Ende
der Leinen angehängt werden.

Mein Tip: Zu einem Kauf der fertigen Lenkleinen auf
Ringen kann ich dem Einsteiger guten Gewissens raten.
Sollte es dann bei den ersten Flugversuchen einige
kleine Probleme geben, ist mit größter Wahrscheinlichkeit nicht die fertig gekaufte Leine auf Ringen
schuld . . .

Wer keine Konfektionsware mag, kann sich die Leine
selbst herstellen (s. *Lenkleinen herstellen* – S. 90).

Kauf der separaten Teile

Wer bereits über klare Vorstellungen von seinem Drachen
nebst Zubehör verfügt und die jeweiligen Vor- und Nachteile abgewogen hat, der soll, das nötige Kleingeld vorausgesetzt, seinen Drachen ganz nach Maß kaufen und aus-
statten.

Checkliste Drachenkauf *(das brauchst du unbedingt)*
1. den Lenkdrachen
2. die Lenkleinen
3. Griffe oder Schlaufen oder Spulen

Über die Wahl des Lenkdrachentyps, ob Rhombus-, Delta-, Dartlenkdrachen, Flexifoil oder stabloser Lenkdrachen, muß sich der zukünftige Pilot seine eigenen Gedanken machen. Informationen und Hinweise für die Entscheidung wurden bereits auf den Seiten 34 bis 44 (»Modellwahl – der erste Lenkdrachen«) gegeben.

Ist die Entscheidung über den Lenkdrachentyp gefällt, sind Farbgebung und eventuell die Segelaufteilung Geschmackssache. Hier hilft nur eins: sich die verschiedenen Möglichkeiten zeigen lassen und die schönste auswählen.

Entscheidungshilfen für den Kauf der richtigen Lenkleinen findest du auf den Seiten 67 bis 77. Ob Griffe oder Schlaufen oder Spulen besser sind, sollte mit Verstand, aber auch nach Gefühl (»Was liegt gut in der Hand?«) entschieden werden. Bedenke jedoch: Die auf der windigen Drachenwiese wirkenden Kräfte kann man in einem Drachenladen schwerlich spürbar machen.

Das ist darüber hinaus sinnvoll

Tüte

Wenn der Drachen keine Tüte hat, sollte sie gleich mit gekauft werden, um das Drachensegel zu schützen und ihn komplett transportieren zu können.

Drachentasche

Auf lange Sicht empfiehlt sich für den Transport einer ganzen Drachensammlung die Anschaffung einer Drachentasche. Sie sollte Außentaschen haben, damit Griffe, Spulen, Anker, Reparaturset, Ersatzleine und persönliches Equipment (Sonnenbrille, Handschuhe usw.) nicht an noch anderer Stelle transportiert werden müssen.

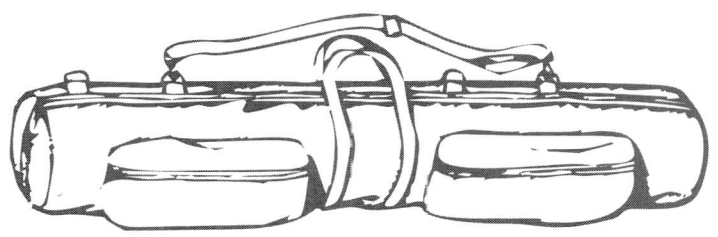

Bodenanker

Wurden die Leinen in unfertigem Zustand (z. B. auf einer
90- bis 100-m-Rolle) gekauft, benötigt man für das Recken
und Ablängen der Leinen (vgl. »Über die Herstellung von
Lenkleinen«) einen Bodenanker. Auch für Solostarts ist
ein Bodenanker in Form eines Steckers aus Hartplastik
oder Metall erforderlich. Ein kräftiger Zelthäring oder
großer Schraubenzieher erfüllt diesen Zweck ebenfalls.

Ersatzstange

Um nicht gleich nach dem ersten harten Absturz wieder
zum Drachenladen laufen zu müssen, sollte eine unge-
kürzte Ersatzstange mitgenommen werden.

Ein Streifen selbstklebendes Spinnakerband

Es genügt ein Streifen davon, um Risse im Segel flicken zu
können.

Das »Lenkrad«

Es soll ja Spezialisten geben, die nehmen die Leinen ohne Handschuhe direkt zwischen die Finger. Sie machen das nur einmal, denn auf diese Weise verletzt, verbrennt und zerschneidet man sich garantiert die Hände und Finger. Einige versuchen sogar, den Drachen auf diese Weise in die Luft zu bekommen. Laß bloß die Finger von diesem Leichtsinn, von Technik kann hier beim besten Willen nicht die Rede sein. Lerne lieber, den Drachen richtig zu starten, zu landen, und du wirst viel Spaß an diesem Sport haben.

Als »Lenkrad« für den Lenkdrachen gibt es eine ganze Reihe von Produkten, davon abgesehen, kannst du dir die Steuereinheit leicht selbst herstellen.

Doch zunächst schauen wir uns mal im Drachenladen nach Geeignetem um:

Kunststoffspulen

Die Kunststoffspulen werden auch als *Spezispulen* (Superspulen) oder *Ringe* bezeichnet. Sie sind in vielen Farben und unterschiedlichen Breiten zu bekommen.

Tip: Kaufe stets zwei deutlich verschiedenfarbige, gleichstarke und nicht zu breite Spulen. Ordne jeder Hand eine Farbe zu, und bleibe konsequent dabei!

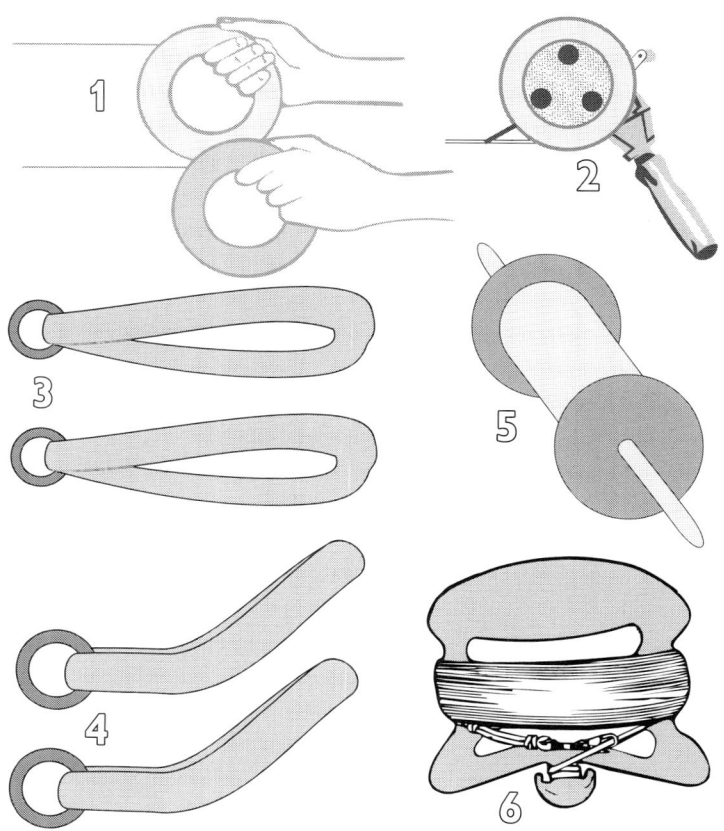

Lenkequipment

1. *Spezispulen (Ringe)*
2. *Handkurbel zum Einholen der Leinen auf Spezispulen*
3. *gerade Lenkschlaufen mit Metallring für die Leine*
4. *gewinkelte Lenkschlaufen greifen ergonomisch*
5. *Spule zum Aufwickeln bei Verwendung von Schlaufen*
6. *Lenkleinen-Handgriff mit aufgewickelter Leine*

61

Das Auslegen der Leinen (vgl. »Vorbereitung auf den Start«) und das Steuern werden ungemein vereinfacht, wenn man sich an diese Festlegung konsequent hält.

Schlaufen oder **Griffe**, wenn sie in unterschiedlichen Farben zu bekommen sind, sollten ebenfalls verschiedenfarbig ausgewählt werden. **Spulen** sind nur für zugschwache Drachen zu empfehlen. Da sie aus hartem Kunststoff bestehen, können sie sich der Handform nicht anpassen. Wegen dieser unergonomischen Form sind sie bei Lenkdrachen mit einer Spannweite über 2 Meter auf Dauer unangenehm zu halten.

Tritt auf der Drachenwiese nicht versehentlich auf die Spulen – sie könnten brechen.

Als Leinenträger für den Transport sind Kunststoffspulen gut geeignet, da sie wenig Platz wegnehmen und zudem preiswert sind. Mit einem wasserfesten Stift kann die aufgewickelte Leinenlänge und Gewichtsklasse auf den Ringen notiert werden (z. B. 45 Meter – 65 kp), wenn mehrere Längen und Gewichtsklassen zur Verfügung stehen.

Lenkleinen-Handgriffe

Diese Handgriffe sind äußerst robust, weil sie aus einem nahezu unzerstörbaren Kunststoff bestehen. Ein Vorteil der Handgriffe ist es, die Leinen nicht immer vollständig abwickeln zu müssen. An der dem Drachen näheren Seite ist ein kleiner Kunststoff-Doppelhaken mit angegossen. Mit einer Halteschlaufe kann die jeweilige Flugleine um diese Haken gelegt werden und so sicher eine kürzere Länge geflogen werden, wenn das gewünscht ist.

Das Paar Griffe kostet um 20,– DM und ist damit ähnlich preiswert wie das Paar Ringe.

Die Griffmulden für die Finger treffen selten die ergonomischen Anforderungen der eigenen Hände, da es sich um ein Massenprodukt handelt und nur in einer Ausführung angeboten wird.

> **Tip:** Prüfe vor dem Kauf verschiedene Handgriffe, bis du die gefunden hast, die zu deinen Händen passen.

Lenkschlaufen

Einige Jahre habe ich ebenfalls Schlaufen benutzt, bin aber mit der Zeit aus verschiedenen Gründen davon abgekommen. Schlaufen gibt es gepolstert und ungepolstert. Angeblich wird damit der Zug besser verteilt, wenn sie um die Handgelenke gelegt sind. Werden die Schlaufen um die Finger gelegt, quetschen sie diese zusammen wie zu enge Schuhe die Zehen. Werden die Schlaufen, besonders die ungepolsterten, um die Handgelenke gelegt, drücken und stauchen sie die ganze Hand, was der Blutzirkulation nicht gerade förderlich ist. Bei unerwarteten Situationen, wie plötzlichen starken Böen, einem Leinenriß oder ähnlichem, können Schlaufen nicht so schnell losgelassen werden wie Griffe oder Ringe.

Die Flugleinen können nicht auf die Schlaufen aufgewickelt werden, es werden zusätzlich Spulen benötigt.

Lenkgriffe

Lenkgriffe haben einen lackierten Kern aus Rundholz, Kunststoff oder Alu und sind mit Schaumstoff gepolstert. Sie quetschen die Finger nicht zusammen, und mit ihnen lassen sich sehr gut Steuerbewegungen ausführen. Mit dem Zusammensteckset können sie zum Leinentransport als Aufwickelkern benutzt werden.

Meiner Meinung nach sind Lenkgriffe das präziseste Lenkutensil, das für den Lenkdrachensport zu bekommen ist.

Sie kosten allerdings doppelt soviel wie Handgriffe aus Kunststoff. Auf der anderen Seite sollte sich jeder überlegen, warum er für einen Lenkdrachen relativ viel Geld ausgibt, wenn er dann am wichtigsten Equipment, wie den Leinen und den Griffen, sparen will. Ich denke, das wäre die falsche Methode. Außerdem gibt es ja immer noch die Möglichkeit, sich Griffe selbst herzustellen.

Lenkstangen

Lenkstangen kosten je nach Material und Ausführung zwischen 50,– und 150,– DM. Ist die Lenkstange an den Enden zusätzlich mit Haken ausgestattet, kann die Schnur achtenweise auf die Stange gewickelt werden.
Für präzise Flugmanöver sind Lenkstangen ungeeignet, da sie keine superschnellen Lenkbewegungen zulassen und das Bewegen der Stange immer beide Lenkleinen manipuliert.

64

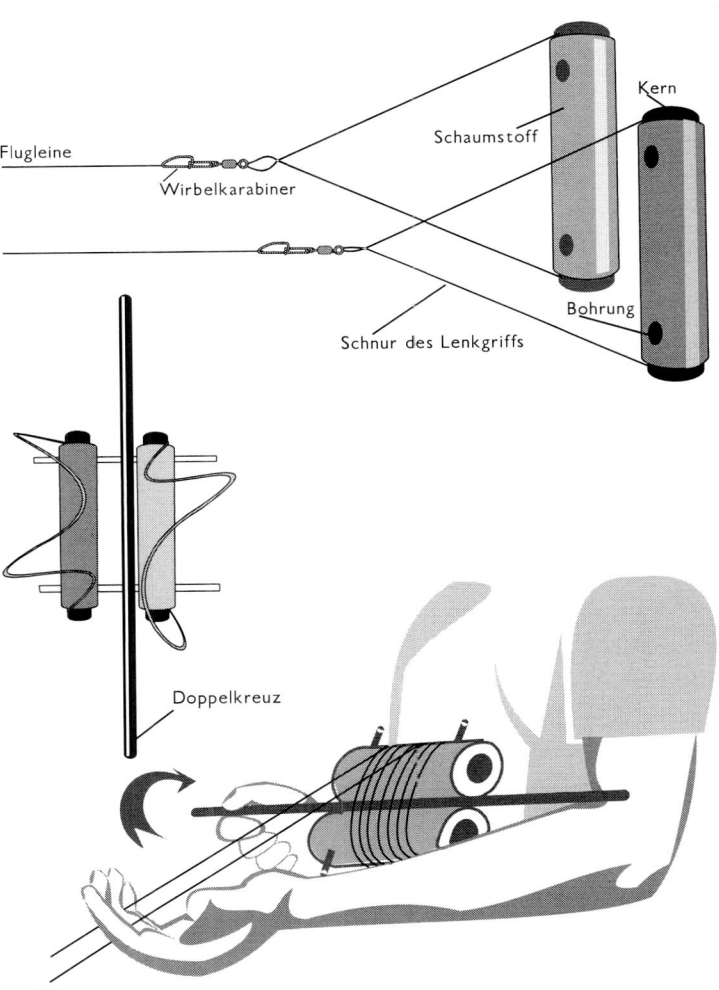

Lenkgriffe. *Die Griffe (Fauchausdruck: Skyclaws) sind farbcodiert. Die beiden Querbohrungen dienen dazu, die Griffe auf das Doppelkreuz schieben zu können und als Aufwickelkern für die Leinen zu nutzen.*

65

Für Großdrachen, wie den Big Bike, Force 10 oder große Matten und Lenkdrachengespanne, sind sie dagegen von Vorteil. Die hohen Zugkräfte müssen nicht von einem Arm gehalten werden, sondern der zweite Arm kann immer unterstützend eingreifen. Vom Anhängen der Lenkstange an ein Geschirr, das sich der Pilot umgeschnallt hat, halte ich gar nichts, da er bei einer plötzlichen Böe im Nu aus dem Gleichgewicht geworfen werden kann und dann auch nicht mehr an Panikhaken oder ähnliche Sicherheitsvorrichtungen denkt. Ein Loslassen ist kaum möglich. Besser finde ich da schon die Methode, die Lenkstange mittels einer wenige Meter langen Halteleine an einen soliden »Anker« (Parkbank, Auto) anzuhängen oder im Notfall sich vom Drachen zu verabschieden.

Arm- und Handhaltung beim Einsatz einer **Lenkstange.**

Leinen

Die Drachenleinen sind die Verbindung zwischen dem Piloten und dem Lenkdrachen. Die Bezeichnungen für Leinen sind heutzutage mannigfaltig: Drachenpiloten sprechen von Leinen, Flugleinen, Lenkleinen oder Steuerleinen.

Vom Nähgarn über die Waageleinen bis zu den Flugleinen werden heutzutage ausschließlich verschiedene Kunstfasern verwendet. Um die richtige Wahl beim Leinenkauf zu treffen, ist ein gewisses Grundwissen über die verschiedenen Leinenarten unerläßlich.

Welche Eigenschaften müssen Lenkleinen haben?
1. so dehnungsarm wie möglich,
2. so glatt wie möglich,
3. so dünn wie möglich,
4. so leicht wie möglich,
5. so reißfest wie möglich und
6. optimal lang.

Warum dehnungsarm?

Je weniger eine Lenkleine sich unter Zug dehnt, um so schneller, direkter reagiert der Lenkdrachen auf die Steuerbewegung des Piloten, und genau das soll er. Je länger die Flugleine ist, desto länger ist auch die Strecke, um die sie sich insgesamt dehnen kann. Bei einleinigen Drachen ist ein gewisses Dehnverhalten der Leine sogar erwünscht, weil die Leine dann besser die Windböen abfängt und nicht der Drachen alles aushalten muß. Nur bei Lenkdrachen ist es eben absolut von Nachteil. Stell dir als Extremfall vor, du willst mit zwei Gummisträngen den Drachen steuern: du ziehst und drückst, und dein Drachen reagiert kaum. Die Gummistränge wirken wie ein Expander und »schlukken« deine Steuerbewegungen so sehr, daß am Drachen kaum noch Impulse ankommen.

Gewiß, niemand wird auf die Idee kommen, mit Gummisträngen zu fliegen, aber es gibt eine ganze Reihe von Leinen, die sich beträchtlich dehnen und wieder zusammenziehen, also Steuerbewegungen des Piloten zum Drachen abschwächen und den Impuls des Piloten verzögert weitergeben.

Die Dehnung wird in Prozent angegeben. So bedeutet z. B. die Angabe »15 % Bruchdehnung« einen Dehnungswert von 15 % auf die Länge der Leine, bevor sie bricht (reißt). Einige Leinen dehnen sich unter Zug wie ein Kaugummi – bis über 30 % – aus. Ohne Zug ziehen sie sich langsam mehr oder weniger zusammen und verlieren so nicht oder nur ganz langsam ihre Expanderwirkung.

Warum glatt?

Je glatter die Leine ist, desto weniger Reibungsverlust entsteht zwischen den beiden Lenkleinen, wenn sie sich infolge der geflogenen Figuren miteinander verdrehen. Zum Lenkdrachenfliegen dürfen nur Leinen gleichen Typs und gleicher Gewichtsklasse verwandt werden. Am besten werden sie von *einer* Rolle gewonnen, maximal aus *einer* Serie. Nach dem Fliegen einer Kreisfigur ist ein Turn – eine Umdrehung – auf den Leinen: die Leinen sind einmal in der Flugrichtung des Kreises miteinander verdreht. Auf erstklassige Lenkleinen fliegen Lenkdrachenprofis über einhundert solcher Turns, und sie steuern den Drachen immer noch. Der Weltrekord mit Spitzenleinen wurde 1992 von Roger Chewning (USA) aufgestellt, der 328 Turns auf die Leinen brachte, bevor der Drachen nicht mehr steuerbar war.

Piloten, die schon einige Übung haben, konzentrieren sich auf das Mitzählen der Turns auf den Flugleinen, sie wissen immer, wie oft sie ihren Drachen in die entgegengesetzte Richtung drehen müssen, bis ihre Flugleinen wieder frei, das heißt ohne Turns sind.

Warum dünn und leicht?

Je dünner die Flugleinen sind, desto weniger Widerstand bieten sie dem Wind und desto weniger Winddruck herrscht auf ihnen. Je weniger Angriffsfläche sie aber bieten, desto besser kann der Lenkdrachen gelenkt werden. Auch mit der Leinen*länge* steigt der Druck des Windes auf die Leinen. Längere Leinen erfordern höhere Reißfestigkeit.
Einerseits ist es wünschenswert, die Leinen mit dem geringsten Durchmesser einzusetzen, da man so den Widerstand des Windes und das Eigengewicht der Leinen gering hält. Andererseits ist es aber auch ganz wichtig, daß die Lenkleinen dem Zug des Drachens (dem Druck des Win-

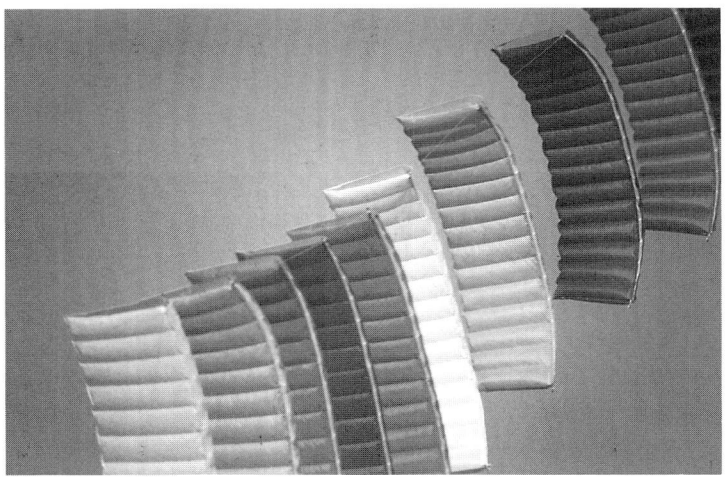

Enorme Zugkraft fordert diese Flexifoilstaffel.

des im Segel) standhalten. Genauer gesagt, muß *jede* der
beiden Lenkleinen den enormen Zug aushalten, da bei den
verschiedenen Lenkmanövern der Drachen zeitweise an
nur *einer* Leine hängt. In den Abschnitten *Wind, Modelle*
und *Waageeinstellung* ist zu erfahren, daß – je nach Windstärke mehr oder weniger Druck auf dem Drachensegel
liegt, – auch der Segelschnitt von Bedeutung ist und – der
Anstellwinkel der Segelfläche im Wind einen weiteren gra-
vierenden Faktor darstellt.
All dies muß bei der Wahl der Flugleine berücksichtigt
werden.

Wie belastbar?

Den Drachenpiloten muß die Reißfestigkeit der Leine interessieren, damit er nicht dauernd neue Leinen kaufen

70

muß, weil die letzte auf der Drachenwiese gerade mal wieder gerissen ist. **Je höher die Tragkraft der Flugleine, desto geringer das Risiko, daß die Leine reißt.**
Die Tragkraft einer Leine wird in Newton angegeben. Die Bezeichnung *daN* steht für Dekanewton (= 10 Newton). 1 daN entspricht einer Gewichtskraft von 0,981 kg. Viele Fachgeschäfte rechnen die Tragkraft der Leine in Gewichtsbelastung um und geben die Werte in Kilogramm (kg) oder Kilopond (kp) an.
Auf den Spulen der Lenkleinen aus den USA ist die Bezeichnung *lbs* zu lesen. 1 lbs entspricht einem Pound oder 0,4563 Kilogramm.
Vom Hersteller werden für jedes Drachenmodell Empfehlungen gegeben, welche Gewichtsbelastung die Flugleine besitzen muß, z. B. 40–65 kp, das bedeutet zwischen 40 kp (bei schwachem Wind) und 65 kp (bei starkem Wind). Nur, was ist stark, und was ist schwach? Diese Angaben fehlen leider.
Bedenke immer, daß du die Leinen irgendwie an die Lenkgriffe und den Drachen anhängen mußt, sie also knoten, ummanteln und spleißen mußt. Hierdurch verliert die Leine, je nach Anknüpfart, einen Teil ihrer Tragkraft *(s. Knoten und Spleißen)*.
Also geh auf Nummer Sicher, und fliege einen Drachen, dessen maximale Zugkraft mit 65 kp angegeben ist, nicht mit einer 65-kp-Leine, sondern einer reißfesteren.

Tip: Die sicherste Flugleine ist die, bei der ein gewisses »Polster« an Belastbarkeit vorhanden ist.

Wenn eine Leine reißt, ist ihr Verlust noch das geringere Übel. Da der Wind mit dem Drachen nach dem Abriß

71

macht, was er will, knallt es oft bei der harten Landung des Drachens, und die Verletzungsgefahr ist recht groß – also Vorsicht (s. »Was machen, wenn . . .«)!

Das Problem der richtigen Wahl der Flugleine löst der versierte Pilot dadurch, daß er verschiedene Flugleinen (hinsichtlich Durchmesser und Tragkraft) zur Auswahl hat, die er je nach aktuellen Windverhältnissen einsetzt.

Wie lang?

Die Leinenlänge sollte, besonders beim Einstieg, nicht zu knapp gewählt werden. Ich empfehle eine Länge von mindestens 35 bis 45 Metern. Damit kannst du beim Fliegen einen recht großen Bereich abfliegen und bist andererseits immer noch unter der vom S.T.A.C.K.-Regelwerk vorgeschriebenen maximalen Leinenlänge, so daß die Leinen später auch für Meisterschaften genutzt werden können.

Von Längen über 50 Meter rate ich aus verschiedenen Gründen ab:

● Die Reaktion des Drachens auf die Lenkbewegung wird träger.

● Der Drachen kann teilweise extremen Unterschieden in der Windgeschwindigkeit ausgesetzt sein, wenn verschiedene Höhenschichten durchflogen werden.

● Der Widerstand der Leinen wird mit zunehmender Länge immer größer, so daß eine stärkere Leine eingesetzt werden muß, als eigentlich für den Drachen erforderlich wäre.

● Das Windfenster wird so riesig, daß andere Piloten sehr weit weg stehen müssen. Fliegen viele Piloten auf einer Drachenwiese, sind sicherlich kürzere Leinen sportlicher, da mehr Leute ihrem Drachenvergnügen nachgehen können.

Sollte man demzufolge mit möglichst kurzen Leinen fliegen? Keineswegs. An kurzen Leinen (25 Meter) rast der Drachen. Es bleibt kaum Zeit, um richtig zu reagieren. Andererseits ist das Windfenster nun so klein, daß andauernd reagiert werden muß – das kann einfach nicht gutgehen.

Eine Ausnahme bei der Leinenlänge ist nur für Gespanne und große Matten sinnvoll. Bevor sich der Pilot aber an diese Flugkörper wagt, sollte er das Drachenlenken beherrschen.

Leinenarten

Es wird unterschieden zwischen *monofilen, gedrehten* und *geflochtenen Leinen.*

Monofile (einfädige) **Schnur** ist beispielsweise eine Angelsehne. Eine einfädige Sehne für den Lenkdrachensport müßte allerdings so dick und steif sein, daß damit kaum geflogen werden könnte. **Monofile Sehnen sind also nicht fürs Drachenfliegen geeignet.**

Außerdem ist die Verletzungsgefahr besonders groß. Und noch etwas ist zu bedenken: Sehnen durchtrennen alle anderen Drachenleinen. Leider sind Billigdrachen für Kinder oft mit solch monofilen Sehnen ausgerüstet.

Tip: Halte Ausschau nach Plastik-Kinderdrachen, bevor du startest, und achte besonders darauf, daß deine Lenkleinen nicht in Berührung mit diesen Sehnen kommen.

73

Für den Lenkdrachensport geeignete Leinen sind geflochten. Beim Leinenkauf kann man z. B. auf folgenden Hinweis des Herstellers stoßen: »16fach 75-kp-Leine«. Das bedeutet, sie ist aus 16 Kardeelen geflochten, und die Bruchlast liegt bei 75 Kilopond (ohne Knoten!).

Mit *Kardeelen* sind die Einzelstränge gemeint, aus denen die Schnur geflochten wird. Der Ausdruck ist der Seemannssprache entliehen und bedeutet eigentlich: aus Kabelgarnen in entgegengesetztem Drehsinn hergestelltes Gut, aus dem drei- oder vierkardeeliges Tauwerk geschlagen wird *(Ashley-Book of Knots)*. Trotz industrieller Produktion läuft eine Klöppelmaschine ca. 4 Stunden für 100 Meter einer 16fach geflochtenen Leine!

Achte auf das Material der Leinen!

Polyamid (PA), Polypropylen (PP) und Polyethylen (PE)

Solche Leinen eignen sich zum Drachensteigen, aber nicht zum Lenkdrachenfliegen. Ihre Nachteile sind der große Querschnitt, die Bruchdehnung von über 20 % und die zu rauhe Oberfläche.

Polyester (PES)

Die im Handel unter der Bezeichnung Dacron, Diolen, Trevira und Terylen vertriebenen Leinen werden aus dem Werkstoff Polyester gewonnen. Sie bestehen aus feinsten, miteinander verflochtenen Polyesterfasern. Das enge Verflechten der Fasern macht diese Leinen stärker belastbar als obengenannte Leinen. Der Schmelzpunkt liegt bei 260 Grad Celsius, der Durchmesser ist halb so stark wie der einfacher Polyesterleinen, und die Dehnung von 8 bis 15 %

auf gut hundert Meter ist niedriger. Ist die Oberfläche glatter, so liegt das daran, daß die Leinen zusätzlich gewachst sind, was die Gleiteigenschaft zusätzlich verbessert.

> **Tip:** Diese Leinen eignen sich als preiswerter Einstieg zum Lenkdrachenfliegen. Achte beim Kauf darauf, daß die Leine eng geflochten und glatt ist.

Mit einer guten Dacronleine kann man mühelos über 30 Turns auf den Leinen fliegen, und das reicht für den Anfang allemal aus.

Kevlar, Twaron

Diese werden aus Aramidfasern (Kohlefasern) hergestellt, die mit einem elastischen Harz verbunden sind. Sie sind wesentlich dünner als Dacronleinen (weniger als 50 % des Durchmessers) und haben eine extrem hohe Zugstabilität, sind aber brüchig. Kevlarleinen (bzw. Twaronleinen) sind geflochten. Sie sollten im Falle aller Fälle nicht geknotet, sondern ummantelt und gespleißt werden.
Kevlar ist nicht UV-Licht-beständig. Die Leinen verfärben sich, was nicht weiter tragisch ist, mit der Zeit und starker Beanspruchung sinkt aber auch die Bruchlast. Außerdem ist die Faser ziemlich abriebempfindlich. Eine *Silikonbeschichtung* der Leine minimiert diese Abnutzungserscheinungen und verbessert das Gleiten der Leinen aufeinander. Wegen des geringen Querschnitts und der minimalen Bruchdehnung von nur 4 Prozent eignet sich diese Leine hervorragend zur Steuerung von Lenkdrachen. Beim Umgang ist aber Sorgfalt geboten.

> **Tip:** Kevlarleinen sollten nicht einfach herumliegen und
> geknickt werden.

Der Schmelzpunkt der Leinen ist extrem hoch (425 Grad
Celsius), deshalb durchtrennt diese Leine unter Zug, also
beim Fliegen, alle anderen Drachenleinen wie Butter. Logischerweise hat man kaum Freunde auf der Drachenwiese, wenn fremde Leinen durchschnitten werden. Deshalb nie in eine andere Leine fliegen!

Spectra (ACI), Dyneema (DSM)

Diese Leinen werden aus Hochmodulpolyethylen (HPPE)
hergestellt. Da die Moleküle langgezogen sind, dehnen
sich diese Leinen noch weniger als Kevlarleinen (um
3,5 %). Sie haben eine sehr gute Zugfestigkeit, die Oberfläche ist sehr glatt, das Eigengewicht extrem niedrig, der
Querschnitt ist gering, und **damit sind diese Leinen das Optimum für den Lenkdrachensport.** Allerdings ist der
Schmelzpunkt gegenüber den anderen Drachenleinen mit
150 Grad Celsius niedriger, so daß sie unter Spannung und
bei Reibung mit anderen Leinen leicht durchschnitten werden können. Auch hier ist Vorsicht geboten, daß es nicht
zum Kontakt mit anderen Leinen kommt.
Spectra- oder Dyneemaleinen werden bevorzugt beim
Lenkdrachensport von Einzelpiloten und vor allem Lenk-
drachenteams eingesetzt.
Wie Kevlar, sollte auch diese Leine nicht geknotet, sondern ummantelt und gespleißt werden. **Spectra- und Dyneemaleinen sind die Leinen mit den besten Eigenschaften, aber auch die teuersten (ab ca. 50,– DM).** Deshalb sind

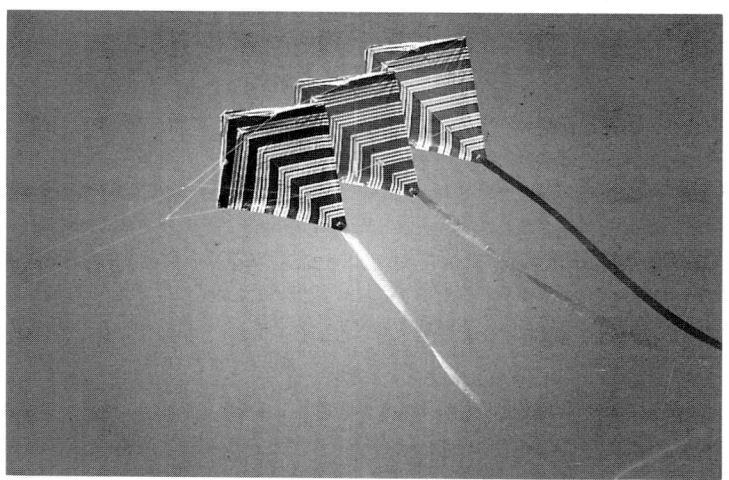

*Eine **3er-Staffel** der gestreiften trlby Rhombuslenkdrachen.*

in letzter Zeit verstärkt **Mischleinen** im Angebot. Sie bestehen aus einer Mischung von PES und HPPE. Der Querschnitt, das Eigengewicht und die Dehnung dieser Mischfa-
sern sind größer als die der reinen Spectra- oder Dyneema-
leine, jedoch geringer als die der Polyesterleine. Der Preis
ist niedriger, und die Leine darf geknotet werden.

Den Drachen
zum erstenmal aufbauen

Ein halbwegs erfahrener Drachenpilot transportiert seinen Drachen in zerlegtem Zustand zur Drachenwiese und baut ihn vor Ort zusammen. Trotzdem gibt es gute Gründe, den Drachen schon vorher in der Wohnung aufzubauen:

Erstens platzt doch ein frischgebackener Lenkdrachenbesitzer fast vor Ungeduld, sein gutes Stück in voller Schönheit betrachten zu können.

Zweitens ist keinem zu raten, das allererste Zusammenbauen auf die windige Drachenwiese zu verlegen. Es empfiehlt sich dringend, die nötigen Handgriffe in aller Ruhe einzuüben – so oft, bis es auch unter freiem Himmel, bei Wind und gegebenenfalls mit interessierten Zuschauern im Nacken klappt.

Drittens schützt man sich so vor möglichen bösen Überraschungen: Es könnte nämlich durchaus sein, daß der Drachenbauer in der Manufaktur die einzelnen Teile in großer Eile zusammengesteckt hatte. Dann ist der richtige Sitz aber nicht mehr garantiert. Im Drachenladen wiederum greifen unentschlossene Käufer in die Drachentüte, ziehen etwas heraus, stecken es dann aber nicht mehr richtig zusammen.

Viertens wird es dir auf der Drachenwiese in vielen Situationen zugute kommen, wenn du in der Lage bist, deinen Drachen zügig durchzuchecken und wieder zusammenzubauen. Bei einem Absturz beispielsweise – und wer will von sich behaupten, daß ihm das nicht passieren kann? –

geraten viele Einstellungen und Verbindungen aus den Fugen, und du mußt deinen Drachen wieder in den gewünschten Zustand versetzen.

> **Tip:** Nutze diese Gelegenheit dazu, die Enden deiner Leinen verschiedenfarbig zu markieren, so daß du jederzeit weißt, welche die linke und welche die rechte ist. Benutze die gleichen Farben wie für die Lenkgriffe.

Aufbauen von Rhombusdrachen

Es gibt zwei Lenkdrachentypen, die eine Rhombusform haben und die fälschlicherweise auch als Diamant- oder Eddydrachen bezeichnet werden: den *ACE*-Lenkdrachen und den *Peter-Powell-Stunter*.

Aufbauen eines (vormontierten) ACE (vgl. Zeichnung auf S. 22)

1. Die Längsstrebe ist bereits auf der Segelrückseite eingesetzt. Sie verbleibt immer im Drachensegel.
2. Die scheinbar zu lange Querspreize wird, ebenfalls auf der Segelrückseite, in die beiden Flügelstabtaschen eingesetzt. Hierdurch biegt sich die Querspreize wie ein Bogen.
3. Der Bogen der Querspreize wird zur Drachennase hin umgelegt, so daß er auf dem Längsstab liegt, und in den Kreuzverbinder gedrückt.
4. Der Drachenschwanz wird auf der Segelrückseite mit einem Clip in den Schlüsselring am unteren Ausschnitt des Längsstabes eingehängt.

5. Auf der Segelvorderseite werden die beiden zweischenkligen Waagen von Verdrehungen befreit und die Waagezugpunkte jeweils an das Ende einer Lenkleine gehängt.

Kompletter Neuaufbau eines Rhombusdrachens

Nach dem Kauf eines Rhombusdrachens dieses Typs kann es passieren, daß aus der Plastikverpackung lediglich die Einzelteile des Drachens herausfallen. Der Drachen muß dann einmal selbst montiert werden:

In der Tüte befinden sich folgende Teile:
1. Das heiß geschnittene oder genähte Drachensegel,
2. zwei weiße Glasfaserstäbe,
3. eine kleine Tüte mit Kleinteilen,
4. ein Kartonkärtchen mit der aufgewickelten Drachenwaage,
5. der aufgewickelte Drachenschwanz,
6. zwei Plastikspulen mit den aufgewickelten Lenkleinen.

Montage
1. Breite das Segel, mit seiner Rückseite nach oben, auf einem Tisch oder auf dem Boden vor dir aus. Die Segelrückseite erkennst du an den aufgenähten Taschen an jeder Ecke.
2. Bereite zunächst den Längsstab zum dauerhaften Einsatz in das Drachensegel vor. Du erkennst den Längsstab daran, daß er etwas stärker ist als der Querstab, und außerdem paßt er exakt in der Länge in das Drachensegel.
3. Fädele auf den Längsstab das Plastikröhrchen mit dem Schlüsselring. Verschiebe es auf dem Stab, bis es in der Mitte des unteren kreisrunden Ausschnitts im Drachen-

segel zu sehen ist. Sind kurze Schlauchstückchen beigelegt, fädele diese ebenfalls auf den Längsstab, und zwar so, daß eines unmittelbar über dem Schlüsselring-Röhrchen anliegt und das andere unter ihm. Diese Schlauchstücke sollen das Verrutschen während des Fluges minimieren. Besser ist es, du fixierst die Schlauchstückchen mit Sekundenkleber.

4. Fädele auf den Längsstab das Kreuzverbindungsstück für die Querspreize. Schiebe hierzu den Längsstab durch die Bohrung des Kreuzverbinders. Die Querachse für den Querstab weist einen durchgezogenen Schlitz auf, in den später die Querspreize hineingedrückt wird. Klebe den Kreuzverbinder erst später auf dem Längsstab fest, und zwar dann, wenn die Querspreize eingesetzt ist und du den exakten Kreuzungspunkt zwischen Längs- und Querspreize bestimmen kannst!

5. Stecke auf die Enden des Längsstabs jeweils eines der T-Endstücke. Setze den Längsstab in die Taschen des Drachensegels ein.

6. Fädele auf die Querspreize die beiden passenden Röhrchen – jedes mit einem Schlüsselring für die Drachenwaage. Liegen weitere Schlauchringe bei, so fädele diese so auf, daß jeweils links und rechts von den Röhrchen ein Schlauchring anliegt.

7. Die beiden L-Endstücke werden auf die Enden der Querspreize gesteckt.

8. Die Querspreize wird in die beiden Flügelstabtaschen eingesetzt. Die Querspreize scheint zu lang zu sein. Kürze sie auf keinen Fall, sondern biege sie etwas, lege den Boden nach oben, zur Drachennase hin, um, und verschiebe den Kreuzverbinder auf dem Längsstab so, daß er genau auf dem Kreuzungspunkt zwischen Längs- und Querspreize

81

sitzt. Nun kann der Kreuzverbinder auf dem Längsstab mit einem Tropfen Sekundenkleber fixiert werden. *Achtung:* Klebe keinesfalls die Querspreize mit fest, da sich sonst der Drachen nicht mehr zusammenlegen läßt.

9. Die Plastikröhrchen mit den Schlüsselringen werden auf der Querspreize so weit verschoben, daß sie in der Mitte der D-förmigen Ausschnitte im Drachensegel positioniert sind. Miß mit einem Meterband nach, und zwar von den Flügelstabtaschen der Querspreize her, ob die Positionen den gleichen Abstand haben, bevor du die Röhrchen auf der Querspreize ebenfalls fixierst.

10. Drehe den Drachen um, so daß die Vorderseite oben ist, und montiere die Drachenwaage. Dazu wickelst du zunächst die Schnur von dem Kartonkärtchen ab und entfernst alle eventuellen Verdrehungen. Die beiden eingehängten Ringe sind die Waagezugpunkte, an die später die Lenkleinen angehängt werden. Nimm die beiden Enden in eine Hand, und zwar so, daß sie genau übereinander liegen. Streife durch die Faust der anderen Hand die doppelt gelegte Schnur so, daß du die exakte Mitte der Schnur bestimmen kannst. In die Mitte der Waageschnur knüpfst du einen Ringstek (vgl. Abschnitt »Einige Knoten«), der in den Schlüsselring des unteren Ausschnitts des Längsstabs eingehängt wird. Die Enden der Waageleinen werden an die Schlüsselringe der Querspreize geknüpft.

11. Waageeinstellung prüfen: Erfasse mit Daumen und Zeigefinger jeder Hand die beiden Waagezugpunkte und hebe den Drachen so an, daß er schwebt. Prüfe nun, ob der Längsstab in einem Winkel zwischen 5 und 15 Grad zum Boden – die Nase nach oben – geneigt ist. Wenn ja, solltest du diese Einstellung auf der Drachenwiese gleich mal ausprobieren. Wenn nein, mußt du die Waagezugpunkte

(= Schlüsselringe der Waage) beidseitig so verschieben, bis der Drachen den gewünschten Winkel einnimmt. (Weitere Informationen s. unter »Die Waage – das A und O«.)

12. Der Drachenschwanz wird wahlweise auf der Drachenvorder- oder -rückseite im unteren Ausschnitt an den Längsstab gehängt, jedoch keinesfalls in die Waageschenkel!

13. Das *Zusammenlegen* ist ein Kinderspiel. Hänge den Drachenschwanz vom Drachen ab, und wickele ihn am besten auf einen Pappkern. Lege den Drachen auf die Vorderseite. Drücke die Querspreize auf den Kreuzverbinder, und ziehe die Enden der Spreize aus den Taschen. Lege die Querspreize parallel zur Längsspreize, die immer im Drachensegel verbleibt. Falte eine Flügelhälfte auf die andere, und rolle von den eingelegten Spreizen her das Segeltuch auf.

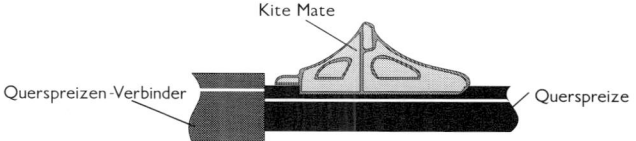

Kite Mate. *Dieses Werkzeug vereinfacht das Herausziehen von Querspreizen, die hartnäckig in den Verbindern sitzen. Es wird auf dem Stab gegen den Verbinder gedrückt, wodurch Luft unter diesen gelangt und zusätzlich der Verbinder gestaucht wird. Das Herausziehen der Spreize ist dann ein Kinderspiel.*

Aufbauen eines Peter-Powell-Stunter

Der *Peter Powell* (vgl. Abb. auf S. 48) ist fertig bestückt und so vorbereitet, daß man mit ihm sofort auf die Drachenwiese gehen kann. Der Aufbau ist kinderleicht und in einer Minute erledigt:

1. Falte das Drachensegel auseinander, und lege es auf die Segelrückseite (der Längsstab ist auf der Rückseite und verdeckt!).

2. Stecke die beiden Querspreizenstäbe auf der Segelvorderseite zuerst außen in die Verbinder zu den Flügelstäben und dann in das Kreuz des Längsstabes. Beim Einsetzen des zweiten Stabes ist ein wenig Kraft erforderlich, da das Drachensegel hierbei V-förmig nach hinten gespannt wird.

3. Der Drachenschwanz wird beim *Peter-Powell-Stunter* auf der Segelvorderseite am unteren Ausschnitt des Längsstabes in den hierfür vorgesehenen Schlüsselring eingeklinkt.

4. Vor dem Anhängen an die Lenkleinen ist dafür zu sorgen, daß alle Waageschenkel frei sind (weiteres hierzu siehe »Die Waage, das A und O«).

Aufbauen eines Lenkdelta

1. Lege den Drachen vor dich auf die Segelrückseite.

2. Stecke die Querspreize durch den Ring auf dem Mittelstab. (Der Ring rutscht beim Transport des Drachens gern an das untere Ende des Mittelstabs, verschiebe ihn so, daß du ihn im Abschnitt des Mittelstabes greifen kannst.)

3. Stecke die Enden der Querspreize in die jeweiligen Verbinder zu den Flügelstäben.

4. Achte darauf, daß die Waageschenkel frei sind, bevor du die Lenkleinen an die Waagezugpunkte anknüpfst.

Manche Lenkdeltas haben eine Waagestange. Hier wird ebenfalls zunächst geprüft, ob alle Waageschenkel frei sind. Dann werden die beiden Lenkleinen mit einem Ringstek jeweils hinter den aufgeklebten Stabendkappen der Waagestange gesichert.

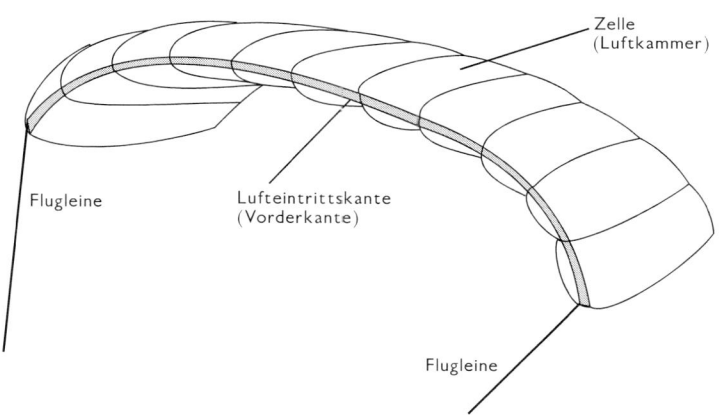

Zelle
(Luftkammer)

Flugleine

Lufteintrittskante
(Vorderkante)

Flugleine

Flexifoil. *Der Flexifoil hat als einzige Matte einen Stab in der Vorderkante. Der schnelle, leise Drachen ist in verschiedenen Größen und Bezeichnungen erhältlich. Für Einsteiger eigenen sich nur die kleinen Größen.*

Aufbauen einer Flexifoil

1. Breite die Matte vor dir so aus, daß sie auf dem Rücken liegt.

2. Stecke das dicke Ende des zweiteiligen konischen Stabes in die Muffe, so daß die dünnen Enden jeweils außen sind.

Hinweis: Bei breiten Flexifoils besteht der Stab aus mehr als zwei Teilen. Hier sind zuerst die Mittelteile zusammenzustecken und dann die äußeren konischen Stäbe anzustekken.

3. Schiebe den konischen Stab durch den Tunnel an der Drachenvorderkante.

4. Fädele durch die D-Ringe die Lenkleinen, und sichere diese mit einem Ringstek hinter den aufgeklebten Stabendkappen des zusammengesetzten konischen Stabes.

Aufbauen eines klassischen Dartlenkdrachens

1. Lege den Drachen mit der Segelrückseite nach unten ausgebreitet auf den Boden. Der Mittelstab und die Flügelstäbe bleiben immer im Drachensegel. Der Drachen wird quasi wie ein Schirm auseinandergeklappt.

2. Stecke die zweiteilige untere Querspreize zuerst tief in die Verbinder der Flügelstäbe und dann bis zum Anschlag in das Kreuz am Mittelstab.

3. Stecke die obere Querspreize in die Verbinder der Flügelstäbe.

Wenn Segelpositionierer (= Stand-offs, Cat Wisker) vorhanden sind: Stecke sie zuerst in die Taschen bzw. Ösen des Drachensegels und dann in die jeweiligen Verbinder der unteren Querspreizen.

4. Achte darauf, daß alle Waageschenkel frei sind (s. »Die Waage – das A und O«), bevor du die Lenkleinen an die Waagezugpunkte mit den Wirbelkarabinern einklinkst.

Aufbauen eines Dartlenkdrachens mit Segellatten (z. B. Prism Radian)

1. Lege den Drachen mit der Rückseite nach unten vor dich hin, und breite das Drachensegel aus.

2. Schiebe die Segellatten auf der Segelvorderseite von den Flügelstäben her in die hierfür vorgesehenen Taschen. Schiebe jede Latte bis zum Ende der jeweiligen Tasche an der Segelunterkante.

3. Stecke die zweiteilige untere Querspreize zunächst tief in die Verbinder der Flügelstäbe. Drehe die Muffe am Mittelkreuz in einen rechten Winkel zum Mittelstab, und

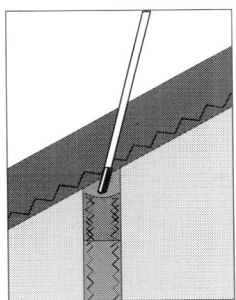

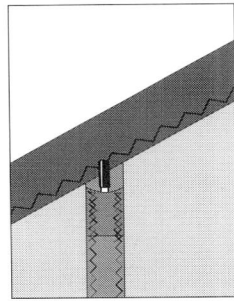

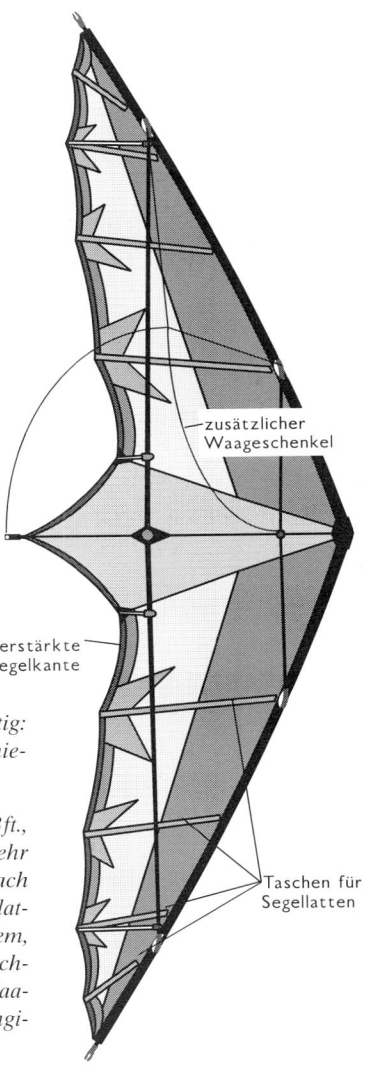

zusätzlicher
Waageschenkel

verstärkte
Segelkante

Taschen für
Segellatten

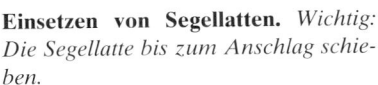

Einsetzen von Segellatten. *Wichtig: Die Segellatte bis zum Anschlag schieben.*

Radian. *Windbereich: 1 bis 6 Bft., Spannweite: 250 cm, Leine: 80 kp. Sehr gut verarbeiteter Lenkdrachen. Je nach Windgeschwindigkeit werden Segellatten eingesetzt. Spezielles Waagesystem, das immer beide Waagepaare gleichzeitig verstellt, und zusätzliches Waageschenkelpaar zur windunabhängigen Einstellung des Drehverhaltens.*

87

stecke die unteren Querspreizen bis zum Anschlag in die Muffe des Mittelkreuzes.

4. Fädele die obere Querspreize durch die obere Halterung zum Mittelstab. Stecke danach die Enden der oberen Querspreize in die hierfür vorgesehenen Verbinder zu den beiden Flügelstäben.

5. Stecke die beiden inneren Segelpositionierer in die jeweiligen Verbinder der unteren Querspreizen. Danach werden noch die beiden äußeren Segelpositionierer in die Verbinder der unteren Querspreizen gesetzt.

6. Achte darauf, daß die Waageschenkel frei sind, bevor du die Lenkleinen an die Waagezugpunkte mit einem Ringstek oder Wirbelkarabiner anknüpfst.

Drachenschwänze – Notwendigkeit oder Schmuck?

Lenkdrachen mit Rhombusform liegt ein Drachenschwanz in der Art eines Schlauches oder Bandes bei. Zum Fliegen sind Drachenschwänze nicht erforderlich. Vielmehr empfehle ich dir, für die ersten Flugübungen den Schwanz wegzulassen, der Drachen fliegt ohne genausogut. Du wirst am Anfang nicht so irritiert und hast nicht den Ärger, daß sich der Drachenschwanz in den Flugleinen – sei es am Boden oder im Drachen – verfängt. Nach den ersten Erfahrungen mit dem Drachen kannst du den Drachenschwanz an den Drachen anklinken. Achte je nach Typ darauf, ob der Schwanz auf der Vorder- oder Rückseite des Segels oder aber an der unteren Spitze des Segels angehängt wird.

> Der Drachenschwanz wird immer am Gestänge oder an einer dafür vorgesehenen Lasche oder am Schlüsselring angehängt, niemals an der Waage!

Nun ist der Drachen aufgebaut. Abschließend wird prinzipiell die Waage darauf überprüft, ob alle Schenkel frei sind. Beim Aufbauen passiert es schon mal, daß die Waageschenkel um die Querspreizen gewickelt werden, die Schlaufen an den Verbindern sich öffnen und die Schenkel unter den Segelpositionierer festgeklemmt werden.

Waage-Check
1. Ist der obere Waageschenkel frei?
2. Ist der äußere Waageschenkel frei?
3. Ist der untere Waageschenkel frei?
4. Sind die Zugpunkte der Waage frei?

Alles frei? – Ready to fly!

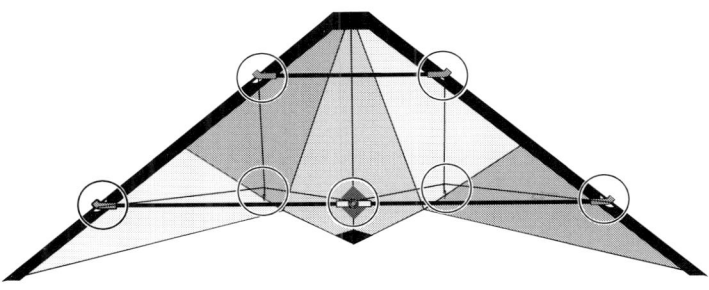

Waagecheck. *Vor dem Start sind alle sieben mit Kreisen gekennzeichneten Waagepunkte zu überprüfen.*

Den Drachen flugbereit machen

Nachdem du den Drachen, die Leinen, die Griffe und vielleicht noch weiteres Zubehör im Drachenladen erworben hast, gibt es zwei Möglichkeiten:

Erstens. Du hast – was für einen Einsteiger durchaus zu empfehlen ist – neben dem Drachen eine *gebrauchsfertige Leine auf Ringen* gekauft. Dann mußt du bei der nächsten Gelegenheit die Leinen sachgemäß am Drachen befestigen, und er ist flugbereit. Dieses Befestigen ist eine knifflige Angelegenheit, weil es mit irgendeinem Knoten nicht getan ist. Doch dazu etwas später.

Zweitens. Du hast außer dem Drachen *Leinenmaterial* auf einer 90- bis 100-m-Rolle sowie *separate Lenkgriffe* erworben. In diesem Falle mußt du zunächst die beiden Lenkleinen anfertigen und anschließend auf der einen Seite die Lenkgriffe und auf der anderen Seite den Drachen befestigen.

Lenkleinen herstellen

Zum Herstellen der Lenkleinen gehören folgende
Arbeitsschritte:
1. **Ablängen**
– Abwickeln des Leinenmaterials
– Abmessen einer doppelt langen Leine

2. **Vorrecken**
3. **Halbieren** (um zwei Leinen der gleichen, gewünschten Länge zu erhalten)
4. **Ummanteln** jener Stellen, an denen Verbindungen (Knoten, Spleißen) notwendig sind.

Benötigte Materialien
1. die Leine auf einer 90- bis 100-Meter-Rolle,
2. evtl. ein Maßband oder Metermaß
3. Bodenanker (z. B. Zelthäring)
4. eine lange Spleißnadel oder 20 cm langer dünner Draht
5. ca. 60 cm Ummantelungsleine (Hohlschnur)
6. ein Feuerzeug
7. zwei verschiedenfarbige wasserfeste Filzstifte
8. zwei oder vier Wirbel bzw. zwei Wirbelkarabiner
9. zwei Ringe, Griffe, Schlaufen oder eine Lenkstange zum Steuern
10. zum Aufwickeln der Leine: Haspel, Spule, Ringe, Griffe.

Ablängen

Als erstes muß die noch zu lange Leine ausgerollt und auf die gewünschte Länge gebracht werden. Für diesen Arbeitsgang sollte ein ebenes Gelände gewählt werden. Der Bodenanker wird fest in den Boden gesteckt, leicht schräg gegen die Auslegerichtung der Leine und die Leine um den Anker gelegt. Das lose Ende der Leine wird in eine Hand genommen, die andere hält die Leinenrolle.
Das Abwickeln kann dadurch vereinfacht werden, daß die kurze Spreize des Lenkdrachens mal zweckentfremdet als

Achse der Leinenrolle verwendet wird. Nachdem die Leine vollständig ausgelegt ist, wird mit dem Meterband die gewünschte Länge abgemessen. Glaubt man den Herstellerangaben über die Leinenlänge, geht das **Abmessen** von den Enden bis zur gewünschten Länge bedeutend schneller. Will man es genauer haben, sollte nach dem Abmessen von beispielsweise 10 Metern im Zickzack 10-Meter-weise die doppelt liegende Leine durch eine Faust gezogen werden. Das Ganze wird so oft wiederholt, bis die gewünschte Länge durchgezogen wurde. Der »krumme« Rest bis zum gewünschten Endmaß (z. B. 2 × 43,5 Meter) wird mit dem Meterband abgelängt, der Leinenrest abgeschnitten.

Danach werden als erstes die Enden durch Anhalten des Feuerzeugs versiegelt, um ein Ausfransen und Aufdröseln der Leine zu verhindern.

Tip: Das Anschmelzen der Leinenenden wird grundsätzlich an jedem offenen Ende der Leinen als erstes erledigt.

Wird Kevlarleine verwendet, macht das Versiegeln allerdings keinen Sinn, da diese Leine nur verkohlt, wenn sie erhitzt wird. Hier muß mit dem Ende sorgfältig umgegangen werden, um ein Aufdröseln weitestgehend zu verhindern. Erst *nach* dem Ummanteln und Spleißen können die Enden mit einem einfachen Überhandknoten gesichert werden.

Vorrecken

Ist die gewünschte Länge (z. B. 87 m = 2 × 43,5 m) abgemessen, wird die Leine zunächst vorgereckt, bevor sie zu
zwei Leinen halbiert wird. Vorrecken der Leine geschieht
durch mehrfaches ruckartiges Ziehen an den beiden mit
einer Hand festgehaltenen Enden. Je nach angegebener
Bruchlast der Leine muß dies entsprechend vorsichtig
(beispielsweise bei einer 40-kp-Leine) oder richtig kräftig
(ab einer 80-kp-Leine) geschehen.

Tip: Damit die Leinen nicht in die Hand schneiden, werden die Enden mit ein paar Wicklungen um den Spulenkern oder einen Stab gewickelt, womit die Hände außerdem einen wesentlich besseren Griff erhalten.

Ummanteln

Was hat es mit dem Ummanteln auf sich? Mit dieser Technik löst der erfahrene Drachenpilot ein Problem, das im
Zusammenhang mit dem Anknüpfen der Leinen an die
Lenkgriffe sowie an die Waage des Lenkdrachens auftritt.
Da die Lenkleinen einen sehr kleinen Durchmesser haben,
beanspruchen Knoten das Material beträchtlich. Es entste-
hen unweigerlich Knickstellen (Bekneifstellen), an denen
einzelne Fasern abgesprengt, andere stark gequetscht werden. Dadurch hat die Leine an dieser Stiele einen Schwach-
punkt. Andererseits, wäre es nicht so, würde der Knoten
nicht halten, sondern aufslippen (sich lösen). Die Sicherheit eines Knotens hängt sogar vom guten Bekneifen ab.
Günstig sind solche Knoten, bei denen die Bekneifstellen
gut verteilt sind, die also nicht einige wenige Fasern an

einer Stelle quetschen. Die unerwünschte Schwächung des Materials tritt am Eintritt zum Knoten auf. Dem kann durch Ummantelungen, also partielle Verstärkungen der Leinen im Knotenbereich, entgegengewirkt werden.

Ummantelungsleinen
Es handelt sich um *Leinen* mit einer »Seele«, die herausgezogen wird. Der Durchmesser der »Seele« soll möglichst genau dem Durchmesser der zu schützenden Leine entsprechen. *Die Flugleine liegt in der Ummantelung wie in einem Tunnel.* Damit der Erfolg optimal ist, muß als Ummantelung eine Leine gewählt werden, die eng um die Flugleine liegt und möglichst 16fach geflochten ist.

> **Tip:** Sehr gute Ummantelungsleinen sind in Spezialgeschäften für Bergsteigerbedarf erhältlich.

Ist sie zu eng, hast du Schwierigkeiten, die Flugleine durch die Ummantelung zu fädeln. Ist die Ummantelung zu weit, wird der Zweck, nämlich Schutz der Flugleine, immer mehr verfehlt, je größer der Innendurchmesser der Ummantelung vom Außendurchmesser der Flugleine abweicht.

Wo werden Ummantelungen gebraucht?
Ummantelungen sind sinnvoll: an allen Schlaufen der Flugleine – an allen Enden der Leine also, an die später etwas angehängt wird, sei es ein Wirbel, ein Karabiner, Ringe, Griffe oder ein anderes Stück Leine.
Die freien Leinenschlaufen werden dann in die Griffe gehängt und die Schlaufen der Griffe am Drachen angehängt.

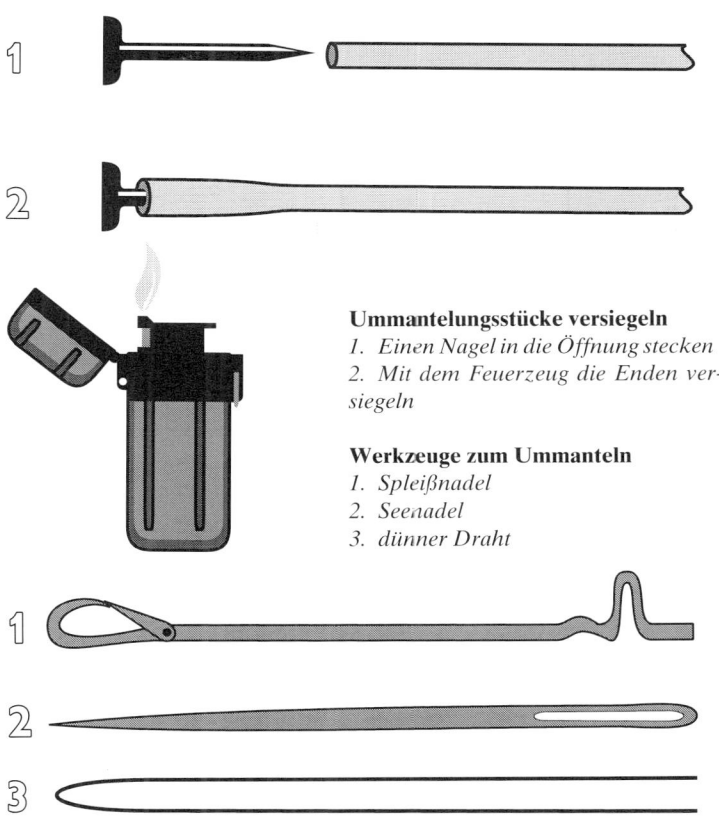

Ummantelungsstücke versiegeln
1. Einen Nagel in die Öffnung stecken
2. Mit dem Feuerzeug die Enden versiegeln

Werkzeuge zum Ummanteln
1. Spleißnadel
2. Seenadel
3. dünner Draht

Tip: Wird an jedem Ende der Flugleine eine solche Schlaufe geknüpft, kann die Leine nach einer bestimmten Anzahl von Flugstunden umgedreht werden.

Wie lang soll ein Stück Ummantelungsleine sein?
Die Länge der Ummantelung sollte so bemessen sein, daß die sich ergebenden Schlaufen bequem über einen Griffdurchmesser passen. Ohne Knoten wird für eine Schlaufe eine Länge von ca. 15 cm Ummantelungsleine benötigt.

So wird ummantelt
Zum Ummanteln verwende ich lieber einen dünnen, 20 cm langen Draht als eine Spleißnadel, weil sich ausreichend lange Stücke Ummantelungsschnur schwer auf eine Spleißnadel bringen lassen.

Tip: In Segelbedarf-Geschäften sind Spleißnadeln in Überlängen zu erhalten.

Zunächst werden vier gleich lange Ummantelungsstücke geschnitten und die Seelen, sofern vorhanden, herausgezogen. Bevor die Enden ausfransen können, werden sie mit einem Feuerzeug versiegelt. Häufig schmelzen hierbei die Enden der Leinenstücke derart zu, daß weder Draht noch Nadel durchgeführt werden können. Deshalb wird vor dem Versiegeln ein passender Nagel in das Ende gesteckt. Die Enden können auch erst auf dem Draht versiegelt werden, nur verbrennt man sich hierbei allzuleicht die Finger.
Durch jedes Ummantelungsstück wird nacheinander ein doppelt gelegter Draht geschoben oder alternativ auf die Spleißnadel aufgefädelt. Das Ende der Flugleine wird mittels des Drahts oder einer Spleißnadel in das aufgefädelte Ummantelungsstück gezogen, und zwar so, daß das Ende einige Zentimeter aus der Ummantelung herausragt. Anschließend wird vom Ende her das Ummantelungsstück in

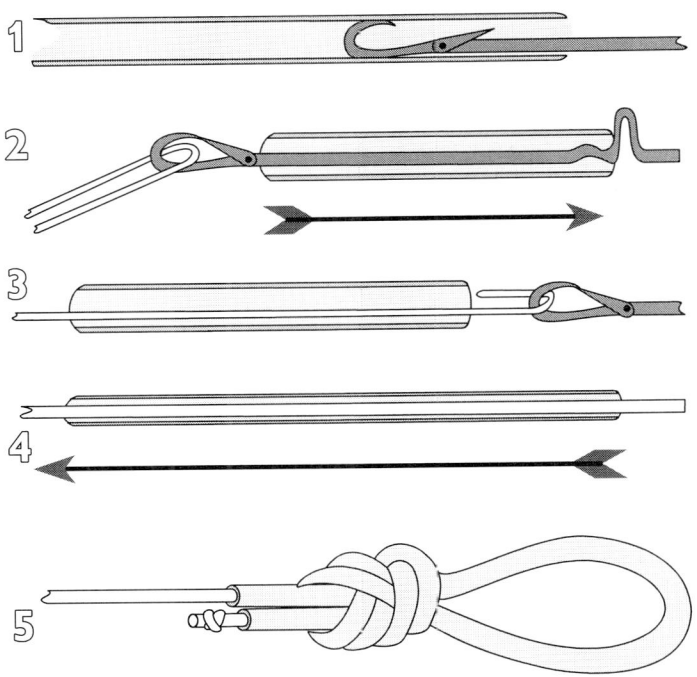

Flugleine ummanteln

1. *Spleißnadel in das Ummantelungsgut schieben*
2. *Ummantelungsgut in Pfeilrichtung auf der Spleißnadel stauchen, Flugleine in die Spleißnadel einhängen und Spleißnadel schließen*
3. *Ummantelung entgegen der Pfeilrichtung auf die Leine schieben*
4. *Ummantelungsstück in Pfeilrichtung mehrfach glattstreifen*
5. *Schlaufenknoten binden (im Beispiel: Achtknoten)*

die Leine hinein mehrfach glattgezogen. Durch das Auffädeln ist die Ummantelung nämlich derartig gestaucht worden, daß jetzt ein gutes Stück ihrer ursprünglichen Länge fehlt. Erst wenn die Ummantelung gut um die Leine greift, wird die Schlaufe gebunden.

Einige Knoten

Nun sind alle Voraussetzungen geschaffen, um mittels Knoten Schlaufen anzufertigen oder zu verbinden, was zusammengehört, aber bisher getrennt war. Allerdings – nicht jeder Knoten eignet sich für jeden Zweck.

Der **Schlaufenknoten** (Überhandschlaufe) ist der gebräuchlichste Knoten in Haushalt und im Drachensport. Die Flugleinenenden, die Waageschenkel und die Verbindungsleinen von Ketten sind mit dem Schlaufenknoten versehen. Ein Nachteil dieses Knotens ist, daß er sich schwer lösen läßt.

Der **Palstek** ist, richtig gebunden, ebenfalls ein sicherer Schlaufenknoten. Übrigens, ein falsch gebundener Palstek ist keiner, getreu dem Motto: Entweder stimmt der Knoten, oder es war nur ein Versehen.

Als dritte Alternative ist die **Anglerschlaufe** gezeigt, die eine sehr gute Führung hat und sich besonders für dünne Leinen eignet.

Der einfache Ringstek öffnet sich gern ohne Zug, er sollte deshalb gegen den **doppelten Ringstek** ausgetauscht werden.

Eine andere Methode des Verbindens von Leinenteilen ist das Spleißen. Der Einsteiger wird aber seinen Drachen auch flugbereit bekommen, ohne das Spleißen zu beherrschen.

Die im Lenkdrachensport gebräuchlichsten **Knoten.** ▶

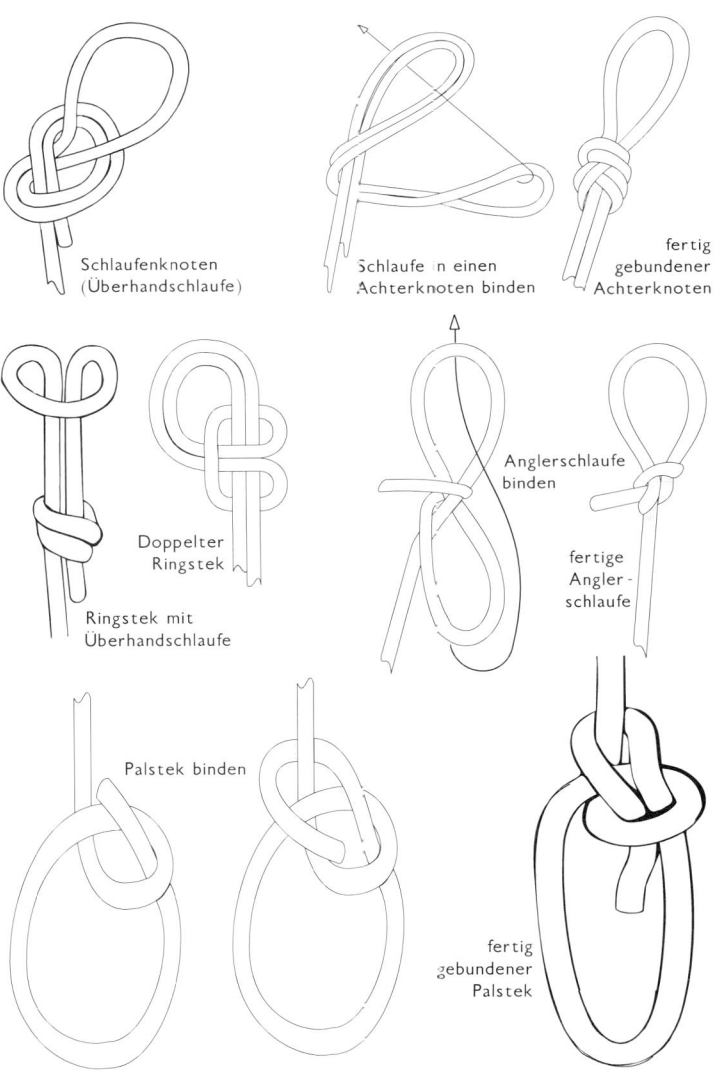

Schlaufenknoten
(Überhandschlaufe)

Schlaufe in einen
Achterknoten binden

fertig
gebundener
Achterknoten

Doppelter
Ringstek

Ringstek mit
Überhandschlaufe

Anglerschlaufe
binden

fertige
Angler-
schlaufe

Palstek binden

fertig
gebundener
Palstek

99

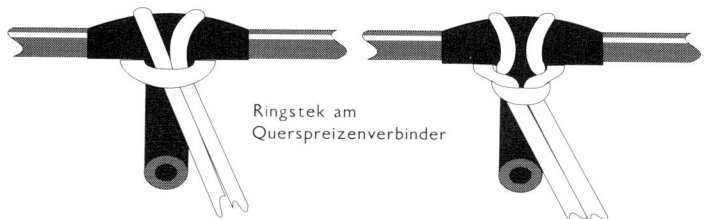

Ringstek am
Querspreizenverbinder

Typische Einsatzmöglichkeiten des **Ringsteks:** *Oben: Befestigung eines Waageschenkels am Querspreizverbinder. Unten: Verbindung der Waageschenkel am Waagezugring.*

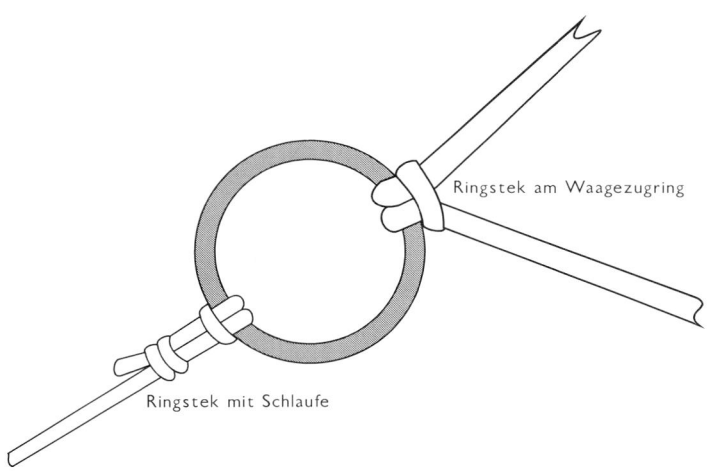

Ringstek am Waagezugring

Ringstek mit Schlaufe

Die Waage – das A und O

Wozu ist die Waage da?

Beim Auspacken des gerade gekauften Drachens fallen dem angehenden Drachenpiloten zwei Leinenkonstruktionen in die Hände, deren Enden an mehreren Punkten mit dem Drachen verbunden sind. Bei näherem Hinschauen bestätigt sich die Vermutung, daß die beiden Lenkleinen nicht direkt am Drachen angreifen, sondern an dieser Leinenkonstruktion. Die Rede ist von der Waage des Drachens.

Die Waage hat **drei wichtige Funktionen** zu erfüllen:
1. den Drachen im optimalen **Anstellwinkel** zu halten,
2. die **Belastung** gleichmäßig auf die Drachenkonstruktion zu **verteilen** (weshalb die Waageschenkel gelegentlich als Tragleinen bezeichnet werden),
3. eine **gute Steuerung** des Drachens zu ermöglichen.

Da der optimale Anstellwinkel des Drachens, also der Winkel, den er im Flug mit der Horizontalen bildet, sich nach den Windverhältnissen und nach dem gewünschten Flugverhalten des Drachens richtet, muß die Waage verstellbar sein. Mehr noch: Ob du von deinem Drachen enttäuscht bist und den Kauf verfluchst oder die Wonnen eines zufriedenen Drachenpiloten erlebst – es hängt fast immer von der Einstellung der Waage ab.

Je nachdem, wie viele Strippen (Schenkel) vom Ansatzpunkt einer Lenkleine den Drachen angreifen, spricht man von zweischenkligen oder auch dreischenkligen Waagen. Auch die Bezeichnung Zwei-Punkt- und Drei-Punkt- (usw. bis Fünf-Punkt-)Waage ist üblich. Allerdings ist zu beachten, daß es Drachen gibt, bei denen zwei Schenkel (ein linker und ein rechter) gemeinsam an *einem* Punkt angreifen (Beispiel: *ACE).*

Überhaupt ist die korrekte Bezeichnung von Waagen ein weites Feld. Da nicht alle Schenkel einer Waage gleichermaßen für das Lenken bedeutsam sind, ja zuweilen entbehrlich, läßt sich darüber streiten, ob man sie dann mitzählen sollte. Doch diesen Streit überlassen wir gern den Experten. Uns muß es vor allem um das gute Funktionieren der Waage gehen. Nur am Rande soll erwähnt werden, daß es auch »ohne« geht: Die *Flexifoil* (s. »Matten«) kommt ohne Waage aus! Überhaupt sind die Waagen an Matten ein Thema für sich.

Was du über den Aufbau einer Waage wissen mußt

Die Waage ist das Verbindungsglied zwischen Drachen und Leine. Jene Stelle, an der das Ende einer Flugleine angeknüpft wird – vielleicht ein kleiner Ring oder ein Wirbel –, heißt **Zugpunkt.** Das geschieht durch Einhängen eines Karabiners oder durch Bilden einer Schlaufe, die fest zugezogen wird.

Die einzelnen Strippen einer Waage werden als **Waageschenkel** bezeichnet. Der vom Zugpunkt aus nach oben, in

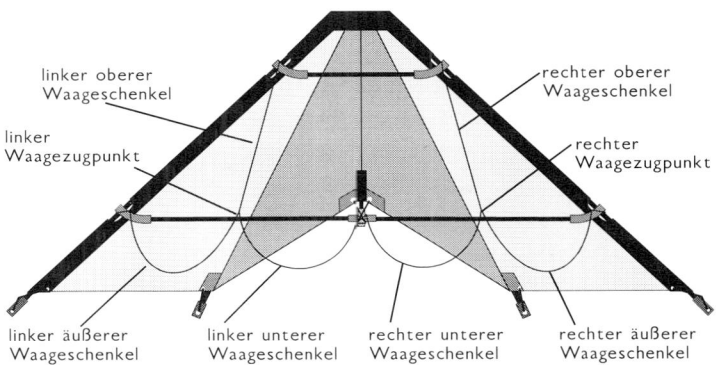

linker oberer
Waageschenkel

rechter oberer
Waageschenkel

linker
Waagezugpunkt

rechter
Waagezugpunkt

linker äußerer
Waageschenkel

linker unterer
Waageschenkel

rechter unterer
Waageschenkel

rechter äußerer
Waageschenkel

Waage. *Bezeichnung der Schenkel und der Zugpunkte am Beispiel eines Mini-Hawaiian.*

Richtung Nase laufende Schenkel heißt *oberer Waageschenkel.* Ob man vom linken (oberen) oder rechten (oberen) Waageschenkel spricht, wird aus der Sicht des Piloten auf den Drachen entschieden, wenn dieser nach oben steigt, sprich: die Nase nach oben zeigt.
Der vom Zugpunkt zum Mittelstab laufende Schenkel wird als *unterer Waageschenkel* bezeichnet, entsprechend ist die Rede vom linken und rechten unteren Waageschenkel. Ein vom Zugpunkt in Richtung Flügelspitze laufender Waageschenkel wird als *äußerer Waageschenkel* bezeichnet.

Weitere Schenkel können vorhanden sein, sie haben spezielle Aufgaben und werden dementsprechend bezeichnet. Besondere Bedeutung kommt den genannten drei Waageschenkeln zu, da sie die Einstellung und das Flugverhalten des Drachens bestimmen.

103

Hinweis: Beschrieben wird hier immer nur eine Seite des Drachens. Wenn Änderungen an der Waage vorgenommen werden, müssen sie immer beidseitig und symmetrisch erfolgen.

Als **durchlaufende Waageleine** werden die beiden Schenkel bezeichnet, wenn sie aus *einem* Stück Leine bestehen und über den Zugpunkt mit ihren beiden Enden am Drachengerüst angeknüpft sind.

Ist meine Waage steil oder flach eingestellt?

Laß einen Helfer den Drachen am besten so an beiden Zugpunkten halten, daß der Drachen knapp keinen Kontaktpunkt mehr mit dem Boden hat. Seine Rückseite weist dabei also nach unten und die Vorderseite nach oben. Der Winkel, der sich zwischen den Geraden von der Drachennase zur Flügelwölbung und dem flachen Boden ergibt, sollte zwischen 4 und 15 Grad liegen. Beurteile diesen Winkel von der Seite des Drachensegels.

Hat dein Drachen Stand-offs, mußt du sie vorher einsetzen. Verändere auf beiden Seiten die Waageeinstellung, so daß du in diesem Winkelbereich liegst. Hast du keinen Helfer, hebst du den Drachen so weit über den Boden, daß die Vorwölbungen der Stand-offs ganz dicht über dem Boden schweben. Nun kannst du schätzen, ob der Winkel zur Nase zwischen 4 und 15 Grad liegt. Entsprechend mußt du die Waageeinstellungen korrigieren.

4 Grad – steile Einstellung
15 Grad – flache Einstellung

Waageeinstellung überprüfen.
*Den Drachen an den Zugpunkten
anheben bis er über dem Erdboden
schwebt.*
Oben: Flache Einstellung.
Unten: Steile Einstellung.

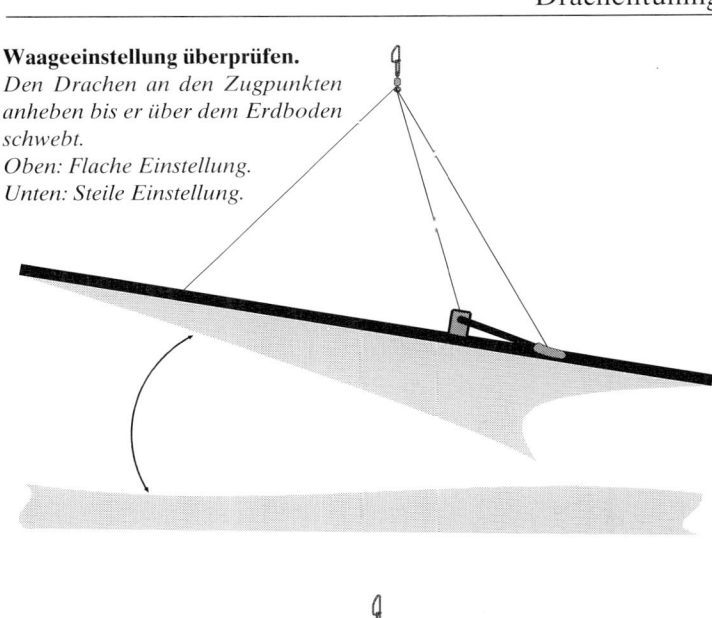

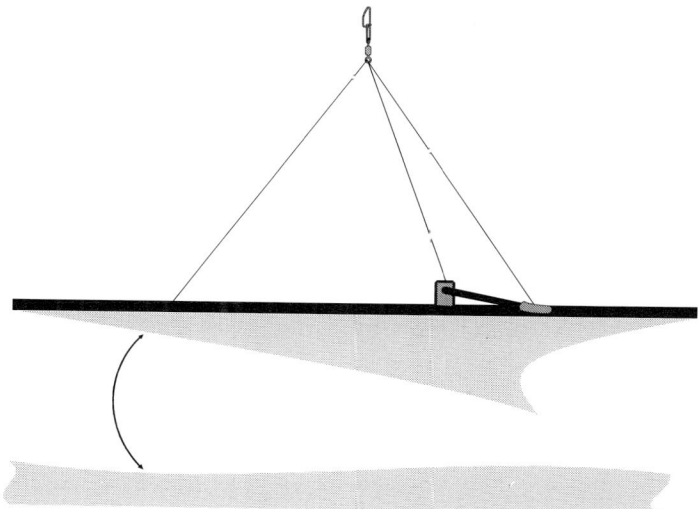

Dieses Verfahren funktioniert bei allen Lenkdrachen, die ein Gestänge haben und im Flug nicht wesentlich ihre Form verändern. Es gibt jedoch Modelle, die bei größerem Winddruck einen erheblich stärkeren »Bauch« bekommen, zum Beispiel der *Old Wobble.* Bei diesem Drachen muß die gedachte Gerade zwischen Nase und tiefstem Punkt im Segel bei Druck betrachtet werden. Entsprechend *dieser* Geraden wird der Winkel ermittelt. Stellt man einen Drachen dieses Typs flacher ein, wird der Druck auf das Segel verringert, und der Bauch bildet sich zurück. Die genaue Einstellung der Waage kann deshalb erst nach weiteren Flugproben erfolgen.

Wie wird der Anstellwinkel des Drachens verändert?

Mit dem Öffnen der Schlaufe am Zugpunkt und dem Verschieben des Zugpunktes nach oben oder unten wird der Einstellwinkel des Drachens geändert. Ein Verkürzen eines Schenkels bringt, bei durchlaufenden Waageleinen,

Prüfen der Waageeinstellung: *An den Zugpunkten wird der Drachen nach oben in den Wind gezogen. Wie abgebildet ist die Waageeinstellung korrekt. Steigt er nicht so steil, ist die Waage zu flach, steigt er über den Kopf, ist die Waage zu steil eingestellt.*

immer ein Verlängern des anderen Schenkels mit sich. Wenn der obere Waageschenkel um 3 mm verkürzt wird, so wird zwangsläufig der untere Waageschenkel um 3 mm verlängert. Die Änderung wirkt also zweifach. Aus diesem Grund muß die Waage sorgfältig verstellt werden, damit nicht der Fehler gemacht wird, die Waageeinstellung allzu stark zu verändern.

Zum Verstellen der Waage liegt der Drachen auf dem Rükken, die Waageschenkel liegen oben auf, und die Nase des

Trimmen der Waage: *Vergleiche immer den Winkel des Segelbauches zum Erdboden.*

Drachens weist vom Piloten weg. Der Ringstek wird am Zugpunkt gelockert und Leine wird mit Ziehen am gewünschten Schenkel nachgezogen (vgl. Abb. auf S. 100). Danach wird der Ringstek wieder zugezogen. Die Änderung der Einstellung muß für die zweite Waage ebenfalls durchgeführt werden. Anschließend wird die Einstellung geprüft. Der Drachen wird an den Zugpunkten in den Wind gezogen.

Flacher oder steiler?

Mit dem Verkürzen des oberen Waageschenkels wird die Drachennase nach oben gezogen: die Einstellung wird *flacher*.

Die entgegengesetzte Änderung, das Verlängern des oberen Waageschenkels durch Nachholen von Leine aus dem unteren oder äußeren Waageschenkel, senkt die Drachennase nach unten: die Einstellung wird *steiler*. Natürlich ändert sich dadurch auch das Drehverhalten des Drachens beim Kurvenfliegen, doch hierzu später mehr.

Faustregel:
Geringe Windgeschwindigkeit = steiler einstellen;
Hohe Windgeschwindigkeit = flacher einstellen.

Die Fläche des Drachensegels wird bei steiler Einstellung stärker dem Wind ausgesetzt, der Wind hat mehr Fläche, in die er angreifen kann, beziehungsweise umgekehrt, beim flacheren Einstellen hat der Wind weniger Fläche, in die er blasen kann.

Steilere Einstellung hat zur Folge:
– stärkerer Zug des Drachens,
– engere Kreise,
– langsamere Geschwindigkeit.

Oftmals ist die eine Wirkung heftig erwünscht, eine andere aber gar nicht. Die große Kunst besteht darin, die optimale Einstellung dazwischen zu finden.

> **Tip:** Stelle am Anfang den Drachen steil ein, daß er gerade noch zu starten ist.

Ein so eingestellter Drachen erreicht dann aber mühelos sogar die Außenbereiche des Windfensters. Damit der Drachen trotz dieser fürs Fliegen besonders günstigen, fürs Starten aber etwas problematischen Einstellung vom Boden abhebt, muß der Pilot kräftig die Arme zu sich heranziehen und rückwärts laufen – dadurch wird so viel Druck im Segel aufgebaut, daß der Start gelingt.
Wenn der erste Hunger nach rasanten Flugmanövern halbwegs gestillt ist, lerne die Wirkungen der Waage immer besser kennen!

> **Tips:**
>
> **1.** Experimentiere mit der Waage soviel, wie du kannst. Getreu dem Motto *»Probieren geht über Studieren«*, baust du am ehesten Erfahrung durch Ausprobieren auf.
>
> **2.** Versuche von Anfang an, nach »Gefühl« die Waage einzustellen.

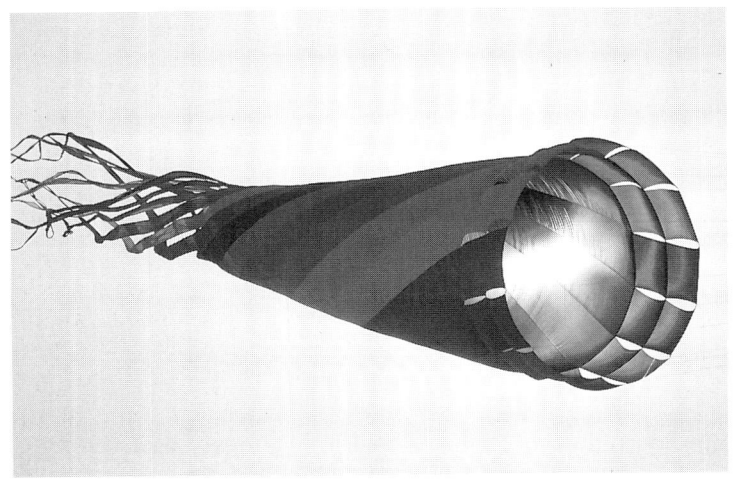

Sicherlich wirst du jetzt denken: Woher soll ich das Gefühl nehmen, wenn ich fast keine Praxis im Umgang mit der Waage habe? Durch das Experimentieren mit der Waageeinstellung sammelst du schnell die nötigen Erfahrungen und entwickelst so ein »Gefühl« dafür, welche Einstellung der Waage unter diesen oder jenen Bedingungen die günstigste ist.

Recht bald die Wirkungen der verschiedenen Waageeinstellungen herauszufinden hat mehrere Vorteile:

● Du kannst deinen Drachen in Null Komma nichts an die aktuellen Windverhältnisse anpassen und damit das Optimum aus dem Drachen herausholen.

● Du kommst sehr schnell auch mit einem anderen Drachenmodell zurecht, weil die Regeln und Prinzipien immer die gleichen sind, selbst wenn der Waageaufbau sich unterscheidet.

• Du kannst anderen Drachenfliegern helfen, ihren Drachen einzustellen.

Über die Waage ist in der einschlägigen Literatur vieles geschrieben worden. Etliches davon klingt widersprüchlich. Die Einstellung der Waage ist auch eine Geschmacksfrage. Manche Piloten mögen es, wenn der Drachen überzogen Druck aufbaut, in jeder Kurve nachdreht, andere bevorzugen die Null-acht-fünfzehn-all-Wind-Einstellung. Es hängt eben davon ab, was der Pilot mit dem Drachen machen will. Will er »rumgurken«, tausend Umdrehungen in der Minute schaffen, will er sich durch die Gegend ziehen lassen, will er möglichst schöne, saubere Flugfiguren fliegen, oder will er Musik mit den Flugfiguren interpretieren?

Typischer Einsteigerfehler:

• *»Wenn der Drachen schlecht fliegt, so muß das am Modell liegen.«* – Wie ein Drachen fliegt, hängt maßgeblich von der Waageeinstellung ab! Im Zweifelsfall muß eine neue Waage entworfen werden.

• *»Die Sorgfalt beim Aufbau gilt dem Drachen, nicht der Waage.«* – Ein noch so teures und exklusives Drachenmodell, das noch so sorgsam aufgebaut wurde, fliegt nicht, wenn die Waage falsch eingestellt oder angebracht ist.

• *»Wenn der Drachen vom Boden abhebt, bin ich schon zufrieden.«* – Eine Ansicht, die eher auf Spielzeug, nicht aber auf ein hochwertiges Sportgerät paßt. Schade um den mit soviel Hingabe und Intelligenz konstruierten Lenkdrachen! Er kann doch viel mehr als nur abheben!

So manche Unart eines Lenkdrachens läßt sich durch Verstellen der Waage beheben.

111

Problem: Bei engen Loopings dreht der Drachen nach.
Abhilfe: den oberen Waageschenkel leicht verkürzen (bzw. den unteren Waageschenkel leicht verlängern).

Problem: Der Drachen hebt trotz starkem eigenem Zug und Rückwärtslaufen überhaupt nicht vom Boden ab.
Abhilfe: oberen Waageschenkel verkürzen.

Problem: Der Drachen startet zwar leicht, steigt aber nicht sehr hoch (weniger als 80°); außerhalb des Windfensterzentrums flattert er unkontrolliert zu Boden.
Abhilfe: Den Drachen steiler einstellen, also die oberen Waageschenkel verlängern und dementsprechend die unteren verkürzen.

Drehverhalten und äußerer Waageschenkel

Bei **Lenkdrachen mit zwei zweischenkligen Waageleinen** kann das Drehverhalten nur durch steilere oder flachere Einstellung beeinflußt werden.

Bei **Drachen mit einem äußeren Waageschenkel** kann das Drehverhalten durch Verändern des Anstellwinkels und der Länge des äußeren Waageschenkels beeinflußt werden. Es ist keineswegs nur abhängig vom Verhältnis der Schenkel zueinander, wie gern behauptet wird.

Auf das Drehverhalten haben mehrere Faktoren Einfluß: *Wo* sind die Waageschenkel angebracht? *Wie weit* sind sie *auseinander?* Welchen *Schnitt* hat das *Drachensegel?* Wieviel *Bauch* hat der Drachen? Welche *Form* nimmt der Drachen *unter Winddruck* ein? Wie weit ist der *Zugpunkt* weg?

112

Je nach Konstruktion kommt dem äußeren Waageschenkel eine mehr oder weniger gravierende Wirkung zu. Liegen die Zugpunkte der Waage zu dicht am Zentrum des Drachens, sind Kurvenverhalten und Druckverteilung schlecht – die äußeren Waageschenkel müssen verkürzt werden. Liegen die Zugpunkte zu weit auseinander, ist das Kurvenverhalten genauso schlecht, der Drachen klappt in der Kurve weg. Wenn beim Geradeausflug zu beobachten ist, daß die beiden unteren Waageschenkel leicht durchhängen, ist das ein sicheres Indiz für zu kurze äußere Waageschenkel. Der Drachen wird sich bei einem engen Looping (fast) quer zum Wind stellen, und ein Lenken ist schwer möglich.

Kennzeichnung der Waage

Viele durchlaufende Waageschnüre haben eine Markierung. Auf diese soll der Zugpunkt für eine durchschnittliche Windgeschwindigkeit von 3 bis 4 Beaufort eingestellt werden.
Hat die durchlaufende Waageschnur zwei solcher Markierungen, bedeutet dies, die untere Einstellung ist die steilste, also diejenige, die bei wenig Wind (2 Beaufort) zu nutzen ist, und die obere ist diejenige, die bei viel Wind (stärker als 4 Beaufort) einzustellen ist. Außerdem gibt es in den Anleitungen eine Empfehlung, in welchem Windbereich das Drachenmodell geflogen werden kann und wieviel Tragkraft die Leinen haben müssen (s. *Lenkleinen*).

Waageeinstellung und Lautstärke des Drachens

Brummende und summende Geräusche werden durch die Vibration der offenen (= unteren) Segelkante (= Schleppkante) verursacht. Die Tonlage und auch die Stärke dieses Geräusches lassen sich durch Verstellen der Waage verändern. Die **Faustregel** dazu lautet:

flache Einstellung – hellere Töne
steile Einstellung – dunklere Töne.

Manchmal führt diese Verschiebung der Klangfarbe bis zum völligen Verschwinden des Fluggeräusches. Bei einigen Modellen ist ein Brummen nur beim Fliegen enger, schneller Loops zu hören, da durch die schnellere Luftbewegung eine Vibration der im Kreis außen liegenden Segelkante zustande kommt. Viele Menschen fühlen sich durch die Brummgeräusche belästigt, wenn diese laut und hell sind. Mit der Waageeinstellung kannst du ein wenig experimentieren, bis der beste Kompromiß zwischen Flugverhalten und Lautstärke gefunden ist.

Spannschnur und Waageeinstellung

In der Segelkante bestimmter Modelle sind Spannschnüre eingenäht, um der Vibration und damit der Geräuschentwicklung entgegenzuwirken. Die Spannung ist möglichst gering einzustellen, damit das Gestänge so minimal wie möglich verzogen wird. Ungewolltes Nachdrehen des Drachens durch zu starke Spannung auf der Spannschnur ist ebenfalls zu vermeiden. Aus diesen Gründen muß bei diesen Modellen zuerst die Waage auf das gewünschte Optimum eingestellt werden. Hierdurch wird der Drachen bereits leiser. Das Spannen der Schnur ist erst anschließend vorzunehmen, und zwar ganz vorsichtig, bis die gewünschte Lautlosigkeit erreicht ist.

Der Einsatz einer Spannschnur bewirkt außerdem, daß das Drachenmodell schneller wird, weil flatternde Bewegungen der Segelkante einen Drachen bremsen.

Waagen an Matten

Die große Ausnahme bei den Matten ist der *Flexifoil,* der keine Waage braucht, da durch das Flügelprofil der Anstellwinkel des Drachens bestimmt wird, sobald der Drachen in der Luft ist. Dieser wohl schnellste Lenkdrachen wird durch stärkeren Winddruck entsprechend seiner Form stärker durchgebogen, bei weniger Winddruck durch die Spannung der konischen Stangen in der Leitkante des Drachens entsprechend flacher im Wind gehalten.

Die Waage an einer *stablosen* Matte hat zu den bereits genannten Aufgaben zusätzlich die Bestimmung, dem Drachen die aerodynamische Form zu geben und während des Fluges zu erhalten. Ohne die vielen Schenkel wären diese stablosen Konstruktionen nicht steuerbar. Falls du einen solchen Drachen hast, lies dir zusätzlich den Abschnitt über die Matten durch.

Die Energiequelle: der Wind

Der Wind ist die kostenlose Energiequelle des Drachensports. Deshalb ist es wichtig, ein wenig mehr über ihn zu erfahren. Im Sommer wird Wind als ein kühles Lüftchen angenehm empfunden. Eine störende, unangenehme Erscheinung ist Wind, wenn er scharf um die Ecke weht und ins Gesicht bläst oder bei geöffnetem Fenster herumliegende Papiere durcheinanderbringt. Der Autofahrer spürt den Seitenwind, der Radfahrer den Gegenwind, ansonsten wissen wenige, was denn beispielsweise gerade heute für ein Wind weht.

Eine Ausnahme bilden lediglich jene Menschen, die mit dem Wind zu tun haben. Segler und Surfer müssen Kenntnisse über den Wind haben. Ebenso Flugzeugpiloten, Segel-, Gleitschirm-, Hängegleiter-, Drachenflieger und Ballonfahrer. Und einige Berufe sind vom Wind abhängig beziehungsweise werden von ihm beeinflußt.

Mit dem Drachensteigenlassen und Lenkdrachenfliegen erwacht zwangsläufig das Interesse am Wind. Je öfter man diesem Hobby nachgeht, desto sensibler wird Wind registriert. Wenn andere sagen: *Ach, was ist das heute wieder für ein ungemütliches Wetter«,* entgegnet der Drachenflieger: *»Wieso? – Ist doch gerade richtig, um einen Drachen steigen zu lassen!«* Womit gesagt sein soll: Auch bei Wetter, das viele als unangenehm empfinden, läßt sich etwas anfangen! Mit der Zeit stellst du fest, daß es andere Gründe haben muß, warum viele Menschen meinen, Drachensteigen

116

sei nur im Herbst angesagt. Diesem Hobby kann zu jeder Jahreszeit nachgegangen werden. Die richtige Kleidung vorausgesetzt, stehen Enthusiasten selbst im Winter auf der Wiese. Lediglich an windlosen Tagen und bei Regen und Sturm stehen andere Beschäftigungen auf der Tagesordnung. Für Drachenbauer ist dies keinesfalls verlorene Zeit – endlich kann das Modell *xyz* in Angriff genommen werden.

Wissen, woher der Wind weht

Drachenfliegen heißt: den Wind nutzen und dem Wind gehorchen. Wer die aktuelle Windrichtung ignoriert, wird mit Disqualifikation bestraft. Die Windrichtung haben wir als Kinder immer durch Hochhalten eines feuchten Fingers bestimmt oder durch Hochwerfen eines Büschels Grashalme. Diese Tricks funktionieren immer noch.

Wettervorhersagen und spezielle Telefondienste für Segelflieger und Ballonfahrer oder ein Blick auf den Wetterhahn der nächsten Kirchturmspitze lassen uns vorab wissen, woher der Wind wehen wird. Auf dem Gelände gibt es eine Möglichkeit, eine kleine Windturbine, einen Windsack oder eine Windfahne in die Luft zu halten oder einfach nur ein Spinnakerband an der Start-Häring anzuhängen.

Jetzt denkst du vielleicht: Ist doch klar, woher der Wind weht. Wenn er richtig bläst, ist dies auch kein Problem, da die Windrichtung über die Wahrnehmung der Haut leicht zu bestimmen ist, aber bei wechselhaftem Wetter oder an windarmen Tagen ist die Windrichtung nicht eindeutig bestimmbar. Abgesehen davon, dreht der Wind gern an sol-

chen Tagen. In diesen Fällen genügt ein Blick auf die Mini-
turbine am Fahrrad oder das Band am Häring, und schon
ist klar, wo es jetzt beim Start langgeht. Weil der Wind die
Richtung ändern kann, sollte dies bei der Wahl des Fluggeländes berücksichtigt werden. Das heißt, es ist von Vorteil,
mehr Platz links und rechts vom *Windfenster* zur Verfügung zu haben, als im Augenblick benötigt wird (s. »Das
Windfenster«).

Windgeschwindigkeit und Windstärke

Die **Windgeschwindigkeit** wird in *m/s, km/h, Knoten* oder
in *Seemeilen/h* ausgedrückt:
1 m/s = 3,6 km/h oder 1,944 Knoten = rd. 2 Seemeilen/h.
Die durchschnittliche Windgeschwindigkeit auf dem
Lande beträgt einige *m/s*, sehr selten kommen Windgeschwindigkeiten über 50 m/s vor. Die Windgeschwindigkeit wird landläufig mit *Windstärke* bezeichnet.

Die **Windstärke** ist ein geschätztes Maß für die mechani-
sche Wirkung des Windes. Dieses Maß wird nach *Beaufort*
für eine Höhe von 6 m über dem Erdboden in einer Skala
angegeben (s. Tabelle). Sie ist benannt nach dem englischen Admiral Beaufort, der die Skala 1806 aufstellte. Sie
geht von 0 Bft. (*Windstille*) bis 12 bzw. 17 Bft; Sturm
herrscht ab 9 Beaufort, Orkan von 12 Beaufort an.
Wer an der Küste wohnt und seinen Drachen fliegen lassen
kann, hat es mit höheren Windstärken zu tun als derjenige,
der im Binnenland zum Drachenfliegen geht. In mitteleu-
ropäischen Regionen herrschen selten Winde über 5 Beau-

118

Windstärketabelle für Drachenpiloten (nach Beaufort)

Stufe Bft.	Kennwort	Beschreibung der Kennzeichen	Geschwindigkeit in m/s	km/h	Knoten	Was macht der Drachenpilot?
0	Windstille	vollkommene Luftruhe, Rauch steigt senkrecht empor	0– 0,2	unter 1	unter 1	Baden gehen, wenn's warm genug ist,
1	leiser Zug	Rauch steigt nicht ganz senkrecht empor, Blätter aber noch unbewegt	0,3– 1,5	1– 5	1– 3	eine Fahrradtour unternehmen
2	leichte Brise	Blätter säuseln, Wind im Gesicht gerade spürbar	1,6– 3,3	6–11	4– 6	Ultraleichte Drachen fliegen, Leichtwindtechniken nutzen
3	schwache Brise	Blätter und dünne Zweige bewegen sich, Wimpel werden gestreckt	3,4– 5,4	12–19	7–10	Gute Bedingungen für Einsteiger
4	mäßige Brise	Zweige und dünne Äste bewegen sich, loses Papier wird vom Boden gehoben	5,5– 7,9	20–28	11–16	Perfekte Bedingungen zum Drachenfliegen
5	frische Brise	größere Zweige und Bäume bewegen sich, auf Seen bilden sich Schaumköpfe	8,0–10,7	29–38	17–21	Fliegen wird anstrengend, nutze Starkwindtechniken
6	starker Wind	auch starke Äste bewegen sich, an Häuserecken und Drähten hörbares Pfeifen	10,8–13,8	39–49	22–27	Starkwinddrachen fliegen und Matten, starke Lenkschnüre benutzen
7	steifer Wind	Bäume bewegen sich, spürbare Behinderung beim Gehen gegen den Wind	13,9–17,1	50–61	28–33	Sturmversionen fliegen
8	stürmischer Wind	Zweige werden von den Bäumen abgebrochen, erhebliche Gehbehinderungen	17,2–20,7	62–74	34–40	Drachen einpacken
9	Sturm	Dachziegel werden von den Häusern abgehoben	20,8–24,4	75–88	41–47	Drachenfliegen ist nicht mehr möglich

fort. Deshalb ist es von entscheidender Bedeutung, daß genau überlegt wird, *wo* der Drachen hauptsächlich geflogen werden soll. Dementsprechend wird das Drachenmodell für starken oder schwachen Wind ausgewählt (s. *»Modellauswahl«*).

Das Windfenster

Das Windfenster ist der Bereich des Luftraums, den du beim Fliegen eines Lenkdrachens in Anspruch nimmst. Im Idealfall kannst du dir das Windfenster wie ein Viertel einer Kugel vorstellen, bei der du den Mittelpunkt der Kugel darstellst. Dabei stehst du mit deinem Rücken genau gegen die Windrichtung. Der Radius, den diese unsichtbare Viertelkugel aufweist, ist so groß, wie die Lenkleinen lang sind. Logischerweise sollten sich keinerlei Hindernisse, Bäume, Zäune, Sträucher usw., in dieser Viertelkugel befinden (s. *Fluggelände*).
Geradeaus vor dir, in Verfolgung der Windrichtung, herrscht der größte Winddruck auf dem Lenkdrachen. Dort, im Zentrum des Windfensters, fliegt der Drachen schneller und entwickelt größeren Zug als in den angrenzenden Bereichen. Links und rechts von dir kann der Lenkdrachen *maximal* um jeweils 90 Grad aus dem Zentrum des Windfensters an den Rand der Viertelkugel gesteuert werden. Im Steigflug kann der Drachen, wie an den horizontalen Rand, bis 90 Grad in der Senkrechten nach oben steigen. Innerhalb der Viertelkugel kann jeder Punkt mit dem Drachen erreicht werden . . . im Idealfall.

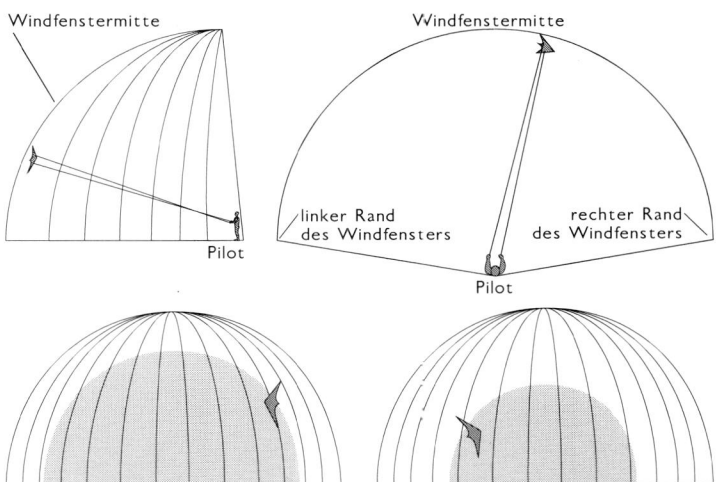

Links oben: Das **Windfenster**, *von der Seite gesehen. Der Pilot ist der Mittelpunkt einer Viertelkugel. Rechts oben: Das Windfenster aus der Vogelperspektive. Der Halbkreis stellt den Aktionsradius des Drachens dar.*
Bei mäßigem Wind ist das Windfenster größer (unten links) als bei wenig Wind.

Der Idealfall geht davon aus, daß
– der optimale Wind für das Drachenmodell herrscht,
– der Drachen richtig aufgebaut und seine Waagen
  optimal eingestellt sind und
– du auf dem richtigen Gelände stehst.

Häufig ist die Wahl eines guten Fluggeländes das geringste Problem. Oft hapert es an den anderen beiden Punkten. Am Aufbau und an den Einstellungen des Drachens kann der Pilot immer etwas verbessern (s. *Aufbau und Waage*). Mit ein wenig Übung kostet es kaum noch Zeit, den Drachen auf die gerade herrschende Windgeschwindigkeit einzustellen.

Bleibt noch der erste Punkt, und das ist ausgerechnet der, auf den der Pilot keinen Einfluß hat: der Wind. Hierbei solltest du dich bereits vor dem Kauf oder Bau eines Lenkdrachens sachkundig machen, welche Windgeschwindigkeiten im Jahresdurchschnitt für deine engere Heimat typisch sind. Unter Berücksichtigung dieser Information und der Überlegung, wo du eventuell das Lenkdrachenmodell noch fliegen lassen willst, z. B. im Sommer an der Küste, solltest du deine Wahl treffen. Das Allround-Lenkdrachen-Modell für alle Windgeschwindigkeiten gibt es nicht!

Lenkdrachenmodell, Windfenster und Windgeschwindigkeit

Bei den vielen Lenkdrachen gibt es je nach Form, Größe, Gewicht, Segelschnitt, Waageeinstellung usw. ein unterschiedliches Verhalten im Windfenster. Bei gleichen Windbedingungen fliegt der eine Drachentyp beispielsweise schneller und nutzt das Windfenster besser aus als ein anderer. Es gibt kein Lenkdrachenmodell, das selbst bei günstigem Wind die 180 Grad erreicht, also bis 90 Grad nach links, nach rechts oder oben gesteuert werden kann. Bei einer Windgeschwindigkeit von 5 Beaufort kommen die meisten Modelle auf 160 bis 170 Grad, was 80 bis 85 Grad nach links- und rechts-außen entspricht. In diesen Randbereichen des Windfensters erfordert das Balancieren des Lenkdrachens ein wenig Übung, damit der Drachen nicht abkippt und zu Boden sinkt.

Bei *Flaute*, geeignetem Drachen und guter Technikbeherrschung kann der Pilot mit seinem Drachen allerdings auch über 90 Grad fliegen (s. *Leichtwindtechniken*).

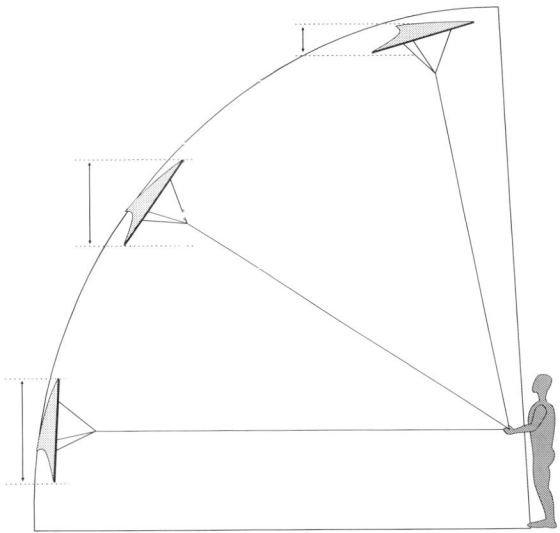

Je höher der Drachen steigt, desto weniger **Angriffsfläche** *(siehe Pfeile) bietet er dem Wind.*

Wer weiß, daß in den Randbereichen der geringste Druck auf das Drachensegel wirkt, der weiß damit auch, wo er als Anfänger einen Drachen unbeschadet wieder landet: eben am linken oder rechten Rand des Windfensters.

Warum vom Zentrum zu den Randbereichen des Windfensters nun der Druck auf den Lenkdrachen und seine Geschwindigkeit abnehmen, ist einfach zu erklären: Die Angriffsfläche des Drachens zur Windrichtung wird immer kleiner und damit der Auftrieb im Drachensegel immer geringer, bis der Punkt erreicht ist, an dem der Drachen stehenbleibt und somit alle einwirkenden Kräfte im Gleichgewicht sind.

123

Manche Lenkdrachen erreichen eine Geschwindigkeit von über 200 km/h, z. B. die *Flexifoil* (s. auch Matten). Die meisten klassischen Modelle erreichen »nur« zwischen 110 und 140 km/h bei einer durchschnittlichen Windgeschwindigkeit von 5 Beaufort. Aber selbst, wenn wir diese Werte nicht mit denen der schnellen Flexifoils vergleichen, sind sie durchaus ehrfurchtgebietend. Klar ist, daß ein Lenkdrachen mit solcher Geschwindigkeit wie ein Geschoß wirkt. Hinzu kommt der Zug an den Hochleistungsleinen. Deshalb achte darauf, daß sich kein Lebewesen im Windfenster aufhält. Wie sich wohl jeder vorstellen kann, wären die Folgen entsetzlich.

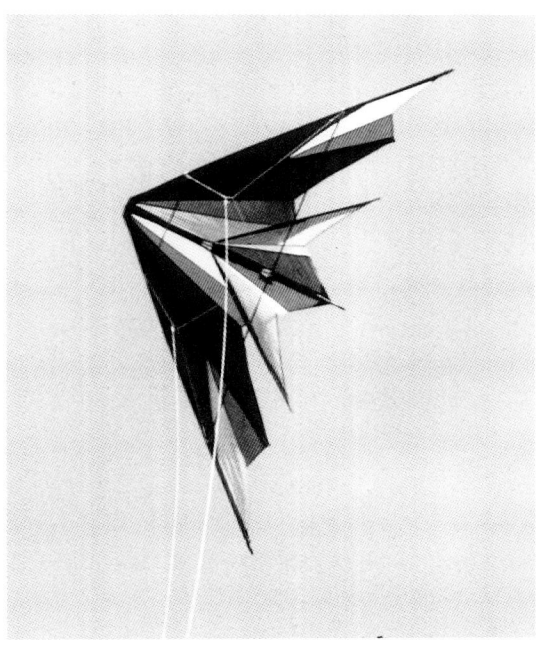

Outfit – die richtige Kleidung

Gute Piloten bewegen sich beim Lenkdrachenfliegen ausgiebig. Die Kleidung muß deshalb entsprechend bequem gewählt werden. Gute, **griffige Schuhe** sind immer erforderlich. Barfüßig Lenkdrachen zu fliegen ist leichtsinnig, auch wenn hochsommerliche Temperaturen und Gelände (z. B. Sandstrand) dazu verführen können. Da sich der Pilot während des Fliegens kaum auf den Untergrund konzentrieren kann, sind Verletzungen durch Muschelschalen, Glasscherben, Blechbüchsen usw. im Handumdrehen passiert. An trockenen Tagen sind Halbschuhe oder Turnschuhe zu empfehlen. An feuchten Tagen bieten Gummistiefel entgegen dem ersten Anschein keine Alternative, da auf feuchten Rasenflächen die Fliegerei leicht zur Rutschpartie wird. Dann sollte man lieber auf einen griffigen Wander- oder Fußballschuh zurückgreifen.

Ideale Windbedingungen, beispielsweise an der Küste, verführen leicht dazu, das Drachenfliegen zeitlich stark auszudehnen, und schnell kommt es zur Unterkühlung. An kalten, windstarken Tagen ist deshalb ein windundurchlässiger **Anorak** angebracht. Wird eine Jacke getragen, darf sie allerdings nicht zu dick auftragen, um die Bewegungsfreiheit nicht einzuschränken. Eine **Regenhaut** »in der Hinterhand« sollte ebenfalls nicht fehlen. Gegen Zug im Genick hilft ein **Halstuch**. **Handschuhe** sind aus Sicherheitsgründen ohnehin zu empfehlen. Besonders Langlaufski-Handschuhe mit lederner Innenfläche sind ideal, weil damit ein

125

sicherer Griff unterstützt wird. Wer eine Lenkstange benutzt, dem ist das Fliegen mit derartigen Handschuhen unbedingt zu empfehlen.

Auch an sonnigen Tagen wird gern unterschätzt, wieviel Zeit der Pilot beim Drachenfliegen verbringt. Deshalb gehören **Schirmmütze** und **Sonnenschutzmittel** ins Handgepäck.

Tip: Vergiß nicht, die Ohren und den Nacken einzureiben. Sonnenbrand an diesen Stellen ist besonders unangenehm.

Eine **Sonnenbrille**, die ein möglichst weites Gesichtsfeld hat, sollte immer mitgeführt werden. Sie schützt auch vor fliegenden Sandkörnern, wenn der Wind einmal stärker weht.

Trotz Sonnenbrille sollte der Standpunkt vom Piloten so gewählt werden, daß er nicht ständig in die Sonne blickt. Die Augen könnten sich leicht entzünden. Der Drachen ist bei stark strahlender Sonne sowieso kaum mehr richtig zu erkennen, bestenfalls als Silhouette. Bei solchen Bedingungen lieber ein, zwei Stunden warten, bis die Sonne aus dem Windfenster verschwunden ist, und dann erst mit dem Drachenfliegen beginnen.

Position –
die richtige Körperhaltung

Vor dem Start stellst du dich locker und entspannt hin. Ein Fuß ist vor den anderen gesetzt, der hintere Fuß dabei etwas stärker belastet. Der Pilot muß bereit sein, sich gegen die auftretenden Zugkräfte zu stemmen, die in der Windfenstermitte am größten sind. Der Pilot »tastet sich« durch umsichtiges An-das-Zentrum-Heranfliegen zum Bereich des Zugkraft-Maximums »vor« und ermittelt so, wieviel Kraft er einsetzen muß, um nicht vom Drachen aus dem Gleichgewicht gebracht zu werden. Je nachdem, in welchem Abschnitt des Windfensters sich der Drachen gerade befindet, wird allein mit der Armkraft oder durch zusätzliches Gegenlehnen die Position gehalten. Da sich der Drachen, außer in den Parkpositionen, im Windfenster *bewegt*, müssen Armzug und Einsatz des Körpergewichts ständig abgestimmt werden, um im Gleichgewicht zu bleiben.

Während des Lenkens befinden sich die Oberarme seitlich am Oberkörper. Die Schultern sind locker und entspannt. Die Unterarme weisen parallel zueinander in Richtung Drachen, etwa so, als ob man ein Tablett trüge. Die Hände halten die Griffe dicht beieinander, wie ein kleines Steuerrad.

Die Augen konzentrieren sich auf den Drachen. Die Stellung des Mittelstabes mit der Spitze der Drachennase zeigt wie ein Pfeil an, in welche Richtung der Drachen fliegt. Der Körper folgt dem Lenkdrachen, wenn dieser aus dem Zentrum geflogen wird. Ist der Drachen weit aus dem Zentrum gesteuert, werden ein paar korrigierende Schritte auf der Stelle gemacht, so daß die Vorderfront des Piloten in Richtung des Drachens weist.

Typische Fehler:
– Heben der Oberarme (als ob du selbst fliegen willst).
– Die Fäuste mit den Griffen werden zu breit, schon seitlich neben dem Oberkörper oder gar hinter dem Oberkörper gehalten.

Tip: Versuche stets, die Unterarme parallel und die Fäuste beieinander, in Höhe und Abstand auf gleichem Niveau, zu halten. Die tollsten Flugmanöver können nur ausgeführt werden, wenn die Grundvoraussetzung der richtigen Armhaltung erfüllt wird.

Sicherheitshinweise

Wetter

Fliege niemals bei Gewitter. Packe deine Drachen sofort ein, wenn ein Gewitter heranzieht. Erkundige dich vorher über den Wetterbericht und die speziellen Telefondienste, mit welchem Wetter du zu rechnen hast, bevor du auf die Drachenwiese gehst.

Gurtzeug

Benutze kein Gurtzeug, und laß dich auch sonst nicht auf eine Bindung an den Drachen ein, die nicht *sofort* aufgegeben werden kann. Erst recht nicht, solange du keine ausreichende Erfahrung hast. Selbst dann würde ich mich nicht anhängen, weil Wind nun mal eine Naturkraft und unberechenbar ist.

Drachen

Fliege keinen Großdrachen, solange du noch unerfahren bist. Da die Einstufung »Großdrachen« relativ zum eigenen Gewicht zu sehen ist, fliege keine Drachen, die du nicht sicher beherrscht und von denen du nicht genau weißt, ob du sie halten kannst. Beginne deine ersten Flugversuche nicht mit Drachen von mehr als 2,5 Meter Spannweite und 2,5 m^2 Fläche. Fliege Drachen, die stark ziehen, nicht ohne Handschuhe und gepolsterte Griffe.

Drachenleinen

Fliege nicht in andere Drachenleinen. Erkundige dich bei deinen Nachbarpiloten, welche Leinensorte geflogen wird, und halte ausreichend Abstand, ebenso wenn Standdrachen geflogen werden. Einleiner stehen meist sehr steil, sie ereichen einen hohen Flugwinkel, können aber nicht gelenkt werden. Fliege deinen Lenkdrachen möglichst hinter den Einleinern.

Leinenlänge

Fliege keine Leinen, die länger als 100 Meter sind, es sei denn, für ein Drachenfest liegt eine Sondergenehmigung für größere Höhen vor. Lenkdrachen werden ohnehin mit kürzeren Leinen (bis 45 Meter) geflogen. Sind noch andere Lenkdrachenpiloten auf dem Flugfeld, solltest du mit ihnen gemeinsam eine kürzere Leinenlänge verabreden, damit mehr Piloten Platz haben und sich nicht gegenseitig behindern oder gar gefährden. Fliegt ein anderer Drachen in deine Leinen, entspanne sofort den Zug, damit die Leinen nicht reißen: Renne also auf deinen Drachen zu, versuche, ihn in die nächste Parkposition zu fliegen oder besser zu landen. Hast du schon etwas Flugerfahrung, kannst du probieren, den Winkel zur anderen Drachenleine so gering (so spitz) wie möglich zu halten, indem du auf sie zuläufst, um dort die Leinen zu entwirren.

Leinen am Boden – Flugpause

Gespannte Drachenleinen am Boden, zwischen Bodenanker und startbereitem Lenkdrachen, werden leicht zur Stolperstelle. Wenn am Himmel Drachen zu sehen sind, sind die Augen nach oben gerichtet. Die am Boden gespannten Leinen werden da leicht übersehen. Bist du auf dem Fluggelände nicht allein, mußt du immer damit rechnen, daß andere über deine Leinen stolpern. Dein Drachen kann dabei beschädigt werden, weil er durch den plötzlichen Zug auf der Leine nach vorn geneigt wird und unwillkürlich abhebt. Der Drachen rammt sich, schneller als du gucken kannst, mit Kraft in den Boden, wobei es dann häufig kracht.

Tip: Entspanne die Drachenleinen, wenn du eine Flugpause machst, indem du den Drachen mit seiner Nase zum Windfenster nach vorn auf den Bauch legst.

So kann er nicht abheben, und die Leinen liegen unmittelbar auf dem Boden. Es kann sich zwar immer noch jemand in den Leinen verfangen, aber der Drachen hebt nicht mehr ab.

Drachenflugplatz

Verlasse den Drachenflugplatz so, wie du ihn vorgefunden hast. Nimm deine Leinenreste oder deinen Stangenbruch mit und entsorge ihn. Gesplitterte Stangen können böse Verletzungen verursachen, wenn hineingetreten wird.

Drachen, Leinen, Griffe

Benutze nur Equipment, das in Ordnung ist. Laß deine Drachen und vor allem die Leinen nicht herumliegen, andere könnten darüber stolpern. Kennzeichne mit einem Spinnakerstreifen deinen Bodenanker. Verlasse deinen aufgebauten Drachen nicht. Er könnte von selbst starten und jemanden verletzen.

Drachenfeste

Erkundige dich vor dem Drachenfest beim Veranstalter, ob du Lenkdrachen fliegen kannst, sonst laß die Lenkdrachen gleich zu Hause, oder besuche ein anderes Drachenfest. Fliege auf Drachenfesten nur in den für Lenkdrachen ausgewiesenen abgesperrten Flächen. Verabrede mit den anderen Lenkdrachenpiloten, in welcher Reihenfolge ihr fliegen wollt. Sind keine abgesperrten Flächen vorhanden, packe deine Einleiner aus und habe Spaß am Drachenfest.

Fluggelände

Berücksichtige bei der Wahl eines geeigneten Fluggeländes folgende **Sicherheitshinweise:**

• Fliege niemals in der Nähe von **Überlandleitungen**, es ist lebensgefährlich!

• Fliege niemals in der Nähe von **Verkehrswegen**, wie z. B. Straßen, Wasserstraßen, Eisenbahnlinien, Radwegen. Fliege nicht in der Nähe von militärischen Anlagen.

• Fliege niemals in der Nähe von **Flugplätzen** und Hubschrauberlandeplätzen. Drachen im Umkreis von 5 Kilometern um Flugplätze und Hubschrauberlandeplätze fliegen lassen ist verboten.

• Fliege niemals in **Naturschutzgebieten** und in der Nähe von Tiergehegen. Laute Lenkdrachen veranlassen brütende Vögel zum Verlassen ihrer Nistplätze. Besonders Lenkdrachen können Panik bei Tieren auslösen: Pferde, Schafe oder Kühe werden wild und gehen durch.

• Fliege niemals über **Lebewesen**. Lenkdrachen erreichen schnell Geschwindigkeiten von über 100 km/h. Kein Pilot kann ausschließen, daß seine Leine gerade heute reißt, ein hundertfach erprobter Knoten gerade heute aufgeht, ein Wirbel gerade heute bricht, der Pilot durch irgend was erschreckt wird, so daß er einen Moment nicht auf seinen Drachen achtet. Du weißt, wie stark der Drachen zieht und welche Kraft in der Drachennase steckt, wenn sie in den Boden gerammt wird. Probiere niemals diese Kraft an einem Lebewesen aus! Lenkschnüre stehen unter Spannung, sie sind sehr dünn und wirken wie ein scharfes Messer, können also andere gefährlich verletzen.

Sorge mit deinem Verhalten dafür, daß das Ansehen der Drachenflieger in der Öffentlichkeit weiter steigt!

Durch Bodenunebenheiten wird der Wind abgelenkt, es bilden sich unkalkulierbare Wirbel. Der Wind ist mit einem Wasserstrom vergleichbar. Das Wasser wird durch Engstellen, große Steine, Sandbänke ähnlich abgelenkt wie der Wind durch Hindernisse. Finde deshalb ein Fluggelände, das möglichst eben ist. So strömt der Wind optimal in allen Bereichen des Windfensters. Stell dich nicht zu dicht hinter Büsche, Bäume oder Häuser, du stehst sonst im Windschatten. Das Flugfeld muß vollkommen frei von Hindernissen sein. Büsche, Masten, Zäune oder ähnliches dürfen nicht im Bereich des Windfensters stehen. Halte ausreichend Abstand zu Hindernissen, mit denen dein Drachen kollidieren könnte.

Beim Lenkdrachenfliegen muß der Pilot seinen Standort wechseln können, deshalb kalkuliere einen bestimmten **Sicherheitsabstand** ein. Achte darauf, daß der Boden eben und frei von Steinen, Gestrüpp und Ästen ist. Wie soll sich ein Pilot auf den Drachen konzentrieren, wenn er immer wieder stolpert, sich die Knöchel verstaucht oder auf die Nase fällt?

Der aus der Kindheit noch bekannte Stoppelacker, auf dem man im Herbst den Drachen steigen läßt, ist für das Lenkdrachenfliegen ungeeignet.

Erstens wird durch die Stoppeln bei einer Landung das Segeltuch verletzt, bei einem Absturz sieht es aus wie ein Sieb.

Zweitens hat der Pilot Erdklumpen an den Schuhen, sinkt im lockeren Boden dauernd ein und kann sich so nicht frei bewegen.

Auf bestelltem Acker sollte man schon gar nicht fliegen, denn mit Recht reagiert der Bauer »sauer«.

Auf und hinter großen Hügeln Lenkdrachen zu fliegen, ist uneffizient. In den Hügelmulden wird der Wind derartig verwirbelt, daß nicht mehr geflogen werden kann. Besser ist es dann schon, hangaufwärts zu stehen, so daß der Drachen vor der Hügelspitze gesteuert wird. Mit der Schräge des Hanges verliert der Pilot allerdings je nach Hangneigung einen guten Teil des Windfensters – je flacher desto besser.

An Abhängen, Steilklippen und auf Bergspitzen kann man die schöne Aussicht genießen, aber nicht Lenkdrachen fliegen.

In Drachenläden und Drachenclubs läßt sich erfragen, wo Drachenfluggelände sind und wie Kontakt zu anderen Drachenfliegern hergestellt werden kann.

Vorbereitung auf den Start

Der Drachen ist nach dem Kauf in flugbereitem Zustand versetzt worden – auch wenn er nach dem Herrichten der Leinen wieder zerlegt wurde, genügen nun relativ wenige Handgriffe, um ihn für einen Start aufzubauen. Wenn dann an einem Wochenende endlich trockenes, windiges Wetter herrscht, schlägt die große Stunde: Der erste Start steht bevor.

Reihenfolge der Handlungen

1. Den Anker so tief in den Boden stecken, daß die Lenkgriffe noch guten Halt haben. In sandigem, weichem Boden und bei höheren Windstärken den Anker schräger entgegen der Windrichtung in den Boden stecken als bei bestem Wiesengrund oder schwachem Wind.

Vermeide unnötiges Ziehen am Bodenanker, nachdem du den guten Halt überprüft hast!

2. Die Lenkgriffe mit ihren Halteleinen über den Bodenanker legen.
3. Die Lenkleinen abwickeln und auslegen, und zwar in die Richtung, in die der Wind weht. Aber: Je stärker der Wind, desto deutlicher weicht die Leinenführung von der Windrichtung ab.

4. Liegen Turns (Verdrehungen) auf der Leine, werden sie, vom Bodenanker aus, mit einer Hand (sie ist dann zwischen den Leinen) zu den offenen Enden der Leine hin herausgeschoben.

5. Der Drachen wird aufgebaut (s. »Den Drachen zum erstenmal aufbauen«) und zu den Leinenenden gebracht.

Daraus geht hervor: Der Drachen wurde in zerlegtem Zustand zur Drachenwiese transportiert.

6. Lenkleinen an den vorgesehenen Zugpunkten der Waage anhängen.

● Achte auf die farblich unterschiedliche Kennzeichnung jeder Lenkleine, die dir anzeigt, für welche Seite sie vorgesehen ist!

● Wirf nochmals einen Blick auf die beiden Waagen, um sicher zu gehen, daß keine Schlaufen verrutscht oder sich Teile der Waage verheddert haben.

Tips:

● Kontrolliere, ob die Leinen gleiche Länge haben (Pkt. 3.)

● Den Leinenrest, der auf der Spule liegt, führst du durch das kleine Loch, das die meisten Spule an der Seite aufweisen. Dann knüpfst du einen Knoten, so daß die letzte Wicklung auf dem Spulenkern beim Fliegen nicht rotieren kann.

Der Bodenanker – Helfer mit Tücken

Bodenanker sind für die Startvorbereitungen unentbehrlich. So hilfreich sie sind, können sie doch das Gemüt des Drachenpiloten mit ihren beiden unangenehmen Eigenheiten strapazieren:

1. Bodenanker verstecken sich mit Vorliebe – du findest sie schwer wieder.

2. Bodenanker sind dem Piloten im Wege – du fällst garantiert darüber, wenn du ihn nicht überlistest.

Gegen die Unarten von Bodenankern kann man aber etwas unternehmen.

Tips:

● Versieh deinen Bodenanker mit einem gut erkennbaren Flatterbandstreifen. Zu diesem Zweck kann ein knallroter Spinnakerstreifen angeknotet oder alternativ ein großer Knauf besonders auffällig lackiert werden.

● Laufe nach dem Start etwa 5 Meter gegen den Wind zurück, damit der eigene Bodenanker nicht zur Stolperstelle wird.

Der Bodenanker muß immer *vor* dir stecken. Du solltest während des Drachenlenkens immer wissen, wo er ist.

Transport des Bodenankers

Damit der sperrige Bodenanker während des Transports keinen Schaden anrichtet, wird er zuvor in eine Schutzhülle gesteckt, die man allerdings selbst herstellen muß. Ausgangsmaterial kann ein Stück Plastikrohr sein oder Autosicherheitsgurt-Band oder (Kunst-)Leder.

138

Was sollte der Drachenpilot mit auf die Drachenwiese nehmen?

Außer dem *Drachen* selbst, den *Leinen* nebst *Griffen* und dem bereits erwähnten *Bodenanker* samt Schutzhülle haben sich folgende Utensilien vielfach bewährt:
– Messer oder Schere,
– selbstklebendes Band (Tape),
– Minimetallsäge,
– Spleißnadel,
– Ersatzstab,
– Handschuhe,
– Leinenmaterial (kürzere Ersatzleine).
– Drachentüte oder -tasche.

Die weiteren Schritte der Startvorbereitung verlaufen bei einem Start mit Helfer oder einem Solostart unterschiedlich.

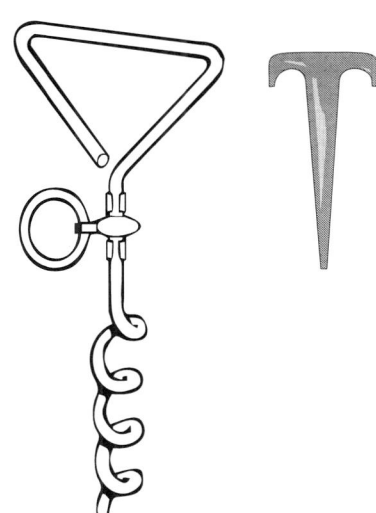

Bodenanker. *Der Spiralbodenanker eignet sich als Haltepunkt für Gespanne und Einleiner. Die Windungen des verchromten Metallankers werden vollständig in den Boden gedreht.*
Der **Kite Stake** *ist ein idealer Bodenanker für den Lenkdrachensport. Er ist aus Hartplastik und wird in verschiedenen leuchtenden Farben angeboten, wodurch er leicht wiederzufinden ist.*

139

Den Lenkdrachen starten

Start mit Helfer

1. Unterweise den Starthelfer, wie er sich zu verhalten hat.

Das muß der Helfer vor dem Start wissen:

● Zum Starten hält der Helfer den Drachen mit beiden Händen in der Mitte der Flügelstäbe und läßt auf das vereinbarte Kommando einfach los. Auf keinen Fall wird der Drachen in die Luft geworfen, denn die Verletzungsgefahr wäre hierbei groß. Abgesehen davon, würde der Pilot durch eine unerwartet große Zugkraft des Drachen überrascht und möglicherweise überfordert.

● Sofort nachdem der Helfer den Drachen gestartet hat, muß er einige Meter zurücklaufen, um nicht im Flugbereich des Drachens zu stehen (Verletzungsgefahr!).

● Nach geglücktem Start ist die sicherste Position für den Helfer ein Fleckchen einige Meter hinter dem Piloten.

● Diese Position darf der Helfer nicht auf dem kürzesten Wege einnehmen, denn dazu müßte er ja mitten durch den Windfensterbereich zwischen Drachen und Piloten. Der Helfer läuft deshalb einen guten Viertelkreisbogen in sicherem Abstand um eine Hälfte des Windfensterbereichs, bis er auf Höhe des Piloten ist, also am linken oder rechten Rand des Windfensters.

Starthelfer mit einem Speedwing. *Bei kleinen Modellen wird an den Flügelspitzen festgehalten, bis das Startkommando erfolgt.*

Unterarmhaltung mit Spezispulen vor dem Start.

2. Lenkgriffe aufnehmen. Nachdem du deinen Helfer eingewiesen hast, läufst du zu deinen Lenkgriffen und nimmst sie in die Hände.

Beachte:
● Vertausche nicht aus Versehen die beiden Griffe – das kommt am Anfang gar nicht so selten vor.
● Achte darauf, daß nicht eine Leine durch den Griff bzw. die Schlaufe der anderen Leine führt. Der Drachen wäre dann unlenkbar.

3. Start: Halte die Griffe in deinen Händen auf gleicher Höhe, und rufe das vereinbarte Kommando. Wenn dein Helfer losgelassen hat, und erst dann, gehst du einige Schritte rückwärts, um zusätzlichen Druck im Segel des Drachens aufzubauen. Der Drachen steigt ohne weiteres Zutun geradewegs nach oben – anderenfalls stimmt etwas mit den Einstellungen nicht (s. »Die Waage – das A und O«).

Laufe keinesfalls dem Drachen hinterher – etwa wenn die Windgeschwindigkeit oder die Zugkraft des Drachens unterschätzt wurden. Die richtige Reaktion auf überraschend heftigen Zug ist: dagegenstemmen, dagegenlehnen, eventuell auch sich auf den Hosenboden setzen und hoffen, daß die Leine nicht reißt.
Versuche so schnell wie möglich, den Drachen in den Randbereich des Windfensters zu steuern.

Start ohne Helfer – der Solostart

Die Vorbereitungen (s. Punkte 1. bis 6.) gelten uneinge-
schränkt auch für den Solostart. Nach dem Anleinen verfährt der Solostarter wie folgt:

1. Aufstellen des Drachens, und zwar je nach Modell unterschiedlich:

- Rhombusdrachen – auf eine der beiden langen
  Kanten
- Dartdrachen – auf die Flügelspitzen
- Deltadrachen – auf eine Flügelspitze und die Mit-
  telstabspitze.

Die Nase des Drachens wird in einem Winkel zwischen 45
und 75 Grad in die Richtung geneigt, in die der Wind weht.
Ist der Winkel zu steil, so ist die Gefahr groß, daß der Drachen von selbst startet. Gern stolpern auch Spaziergänger
über die Lenkleinen, und so startet der Drachen ungewollt.

Tip: Sieh dich noch einmal um, bevor der Drachen so
positioniert wird.

Der Neigungswinkel wird, je nach Windstärke, verstärkt.
Der Wind drückt ihn in Richtung Windfenster, die Leinen
aber ziehen in entgegengesetzter Richtung und verhindern
ein Umkippen, zumal der charakteristische Untergrund
einer Drachenwiese für genügend Haftreibung des Drachens am Boden sorgt. Je größer die Windgeschwindigkeit
ist, desto stärker (tiefer) muß der Drachen (wie ein Halm

143

Drachenaufbau für den Solostart. *Der Drachen wird in einem Winkel von 75 Grad in Windrichtung auf die Flügelspitzen gestellt.*

144

im Wind) geneigt werden. Du erhältst nicht nur mehr Sicherheit, sondern vor allem bietet das Drachensegel durch die geringere Angriffsfläche dem Wind geringeren Widerstand. Die stärkere Belastung der Lenkleinen spielt weniger die entscheidende Rolle, vielmehr der Zug, den der Bodenanker auszuhalten hat.

2. Griffe aufnehmen
– Griffe zunächst senkrecht oder ganz leicht in Richtung Drachen vom Anker abnehmen. Der Aufstellwinkel des Drachens muß beibehalten werden.

Die kleine Sibylle vor dem **Solostart mit einem Speedwing.** *Der Starthelfer positioniert den Drachen auf dem Erdboden.*

145

Hat sich der Pilot aufgerichtet, wird anhand der Markierung der entsprechende Griff in die vorgesehene Hand genommen.

Was tun, wenn bereits vor dem Start *Turns auf den Leinen* liegen, die Leinen also miteinander verdreht sind? Diese Verdrehungen müssen nicht entfernt werden, um den Drachen zu starten. Dennoch wird der ein oder andere hierdurch nervös. Sollen die Turns herausgedreht werden, geht das am leichtesten, wenn beide Griffe in eine Hand genommen werden und sie dann durch Umgreifen mit der anderen Hand gemeinsam in die entgegengesetzte Richtung gedreht werden. Völlig uneffizient wäre es, wenn ein Starthelfer den ganzen Drachen dreht, zumal er das bei entsprechendem Winddruck durchführen muß. Die vorteilhafteste Lösung ist, wie im Abschnitt »Vorbereitung auf den Start« beschrieben, bereits beim Aufbau die Turns zu entfernen.

3. Drachen starten

Zum Starten ziehen beide Fäuste die Griffe mit den Unterarmen am Oberkörper vorbei nach hinten. Bei schwachem Wind wird diese kräftige Ziehbewegung verbunden mit ein paar Schritten rückwärts gegen den Wind. Leichtes Zurückziehen an den Körper genügt bei starkem Wind.

Beachte: Die Fäuste müssen gleichmäßig auf einer Höhe und einer Linie gehalten werden.

Bei dieser Handhaltung fliegt der Drachen geradeaus. Andernfalls stimmt etwas am Aufbau nicht (Abhilfe s. »Was machen, wenn . . .«).

Rhombus- und Deltadrachen weisen am Boden mit ihren

Geglückter Start. Kinder reißen die Arme weit nach oben, um den nötigen Druck bei wenig Wind aufzubauen.

Nasen nicht senkrecht, sondern je nach Bauart mehr oder weniger schräg in den Himmel. Diese Differenz muß in der Startphase ausgeglichen werden: Die Hand an derjenigen Flugleine, die *höher* am Drachen angreift, wird einen Moment *früher* zurückgezogen als die andere.

Muß für die gleichmäßige Spannung der Leinen eine Hand vor der anderen gehalten werden, ziehst du die *entferntere Hand zuerst* auf das Niveau der anderen Hand und dann beide gemeinsam an die Hüften. Die Kunst liegt darin, die Bewegung des Zurückziehens der vorderen Hand auf gleiches Niveau und dann beide gemeinsam in einem Zug aus-

147

Den Lenkdrachen starten

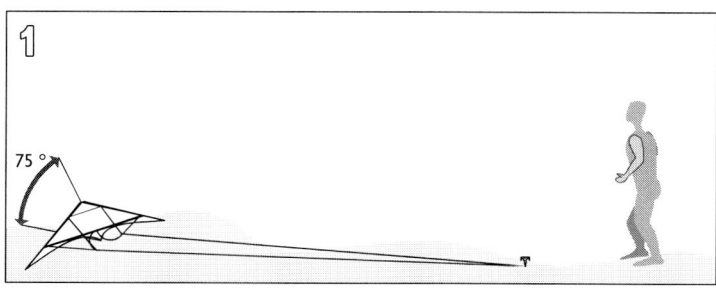

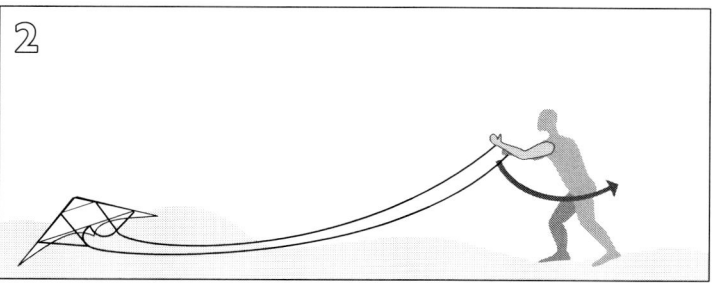

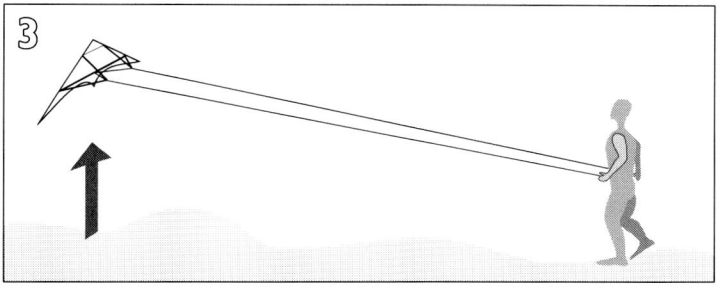

Solostart

1. *Anker in den Boden stecken und Leinen auslegen – Drachen aufbauen und anleinen. Drachennase im Winkel von 75° in Windrichtung neigen*
2. *Griffe aufnehmen (Arme gestreckt, Oberkörper nach vorn gebeugt)*
3. *Beide Arme gleichzeitig nach hinten, einen Schritt zurückgehen*

zuführen. Der Drachen steigt nach dem Starten fast senkrecht im Windfenster nach oben und kommt schräg über
dem Piloten zum Stillstand.

Bedenke: Beim Aufstieg entwickelt der Drachen den größten Zug, da der Anstellwinkel in dieser Position sehr steil
und der Winddruck im Zentrum am stärksten ist. Stell dich
deshalb, wie beim Tauziehen, auf eine Kraft ein, die dich
nach vorn – in Windrichtung – ziehen will. Belaste dein
vorderes Bein schwächer als das hintere.

Den Einstieg gleich mit einem Großdrachen zu wagen ist
sehr problematisch, denn der ist imstande, dich wegzuzie-
hen. Startest du dennoch mit einem Großdrachen und
droht dir dieses Malheur, gehe gleich nach dem Start in die
Hocke oder setz dich auf den Boden, und spreiz die Beine,
um nicht umzukippen.

Start . . . bum! Und nun?

Bei einem **Absturz** lösen sich normalerweise irgendwelche
Verbindungen. Das ist ganz gut so, denn anderenfalls
würde das Drachensegel reißen. Irgendwohin, vom Boden
mal abgesehen, müssen die enormen Kräfte, die bei einem
Absturz wirken, ja schließlich.

Bevor du einen erneuten Start versuchst, mußt du alle
Teile des Drachen auf ihren richtigen und festen Sitz unter-
suchen.

Den Drachen landen

Runter kommen sie immer. Diese Erkenntnis hat zweifellos etwas Beruhigendes, dennoch bleibt der Wunsch, der Drachen möge wohlbehalten landen. Wie du bereits im Abschnitt *Windfenster* erfahren hast, herrscht an den Rändern des Windfensters der geringste Druck auf dem Drachensegel. Es ist deshalb relativ einfach, den Drachen an den Rand des Windfensters, quasi aus dem Wind heraus, zu fliegen und ihn dann einfach auf den Boden sinken zu lassen. Mit dieser sicheren Methode nimmt dein Drachen keinen Schaden. Davon abgesehen, funktioniert die *Aus-dem-*

Wind-fliegen-Methode immer, egal welche Windverhältnisse gerade herrschen.

Die professioneller aussehende *Adlerlandung* auf den Flügelspitzen bzw. auf der Leitkante kannst du in Angriff nehmen, wenn du die Drück-Drück-Technik beherrschst, die
im folgenden Abschnitt *Flugübungen* beschrieben ist.

Den Drachen zusammenlegen und transportieren

Die Flügelstäbe werden parallel aufeinander gelegt. Das
Mittelkreuz muß über die Flügelkanten herausstehen, damit es keinen Schaden im Segel anrichten kann. Die Querspreizen und Segelpositionierer werden parallel an die Flügelstäbe angelegt. Die beiden Segelhälften werden nach
unten glatt gestreift und zwei- bis dreimal nach oben – in
Richtung Flügelstäbe – gefaltet.

Flugübungen

Der Start war erfolgreich – nun steht der Drachen über dem Piloten. Er entwickelt hier die geringste Zugkraft. Du kannst den Drachen ganz leicht hin- und hersteuern. Spiele zuerst ein wenig mit leichtem wechselweisem Heranziehen und wieder Wegdrücken der linken bzw. rechten Hand. Der Drachen wird in die Richtung gesteuert, in die die Nase weist, wenn beide Fäuste gleich weit weg vom Körper gehalten werden. Führt der Pilot hektische Bewegungen aus, reagiert der Drachen seinerseits mit hektischen Bewegungen. Tanzt der Drachen wie wild geworden am Himmel, liegt das am Piloten. In der Ruhe liegt die Kraft!

Die erste Flugfigur: der Kreis

Enge Kreise werden von Lenkdrachenenthusiasten als »Loopings« bezeichnet, aber die heben wir uns für später auf. Der erste Kreis, den unser Drachen fliegt, soll einen Durchmesser von 15 bis 20 Metern haben. Um einen Kreis zu fliegen, mußt du einen der beiden Griffe zurückziehen.
Kreis rechtsherum: Zieh die rechte Hand zurück, und halte die linke Hand fixiert.

Typischer Fehler: Der Kreis wird nicht zu Ende geflogen. Sobald die Nase des Drachens nach unten zeigt, bricht leicht Panik aus, und die folgenden hektischen Bewegungen führen dann zum Absturz.

152

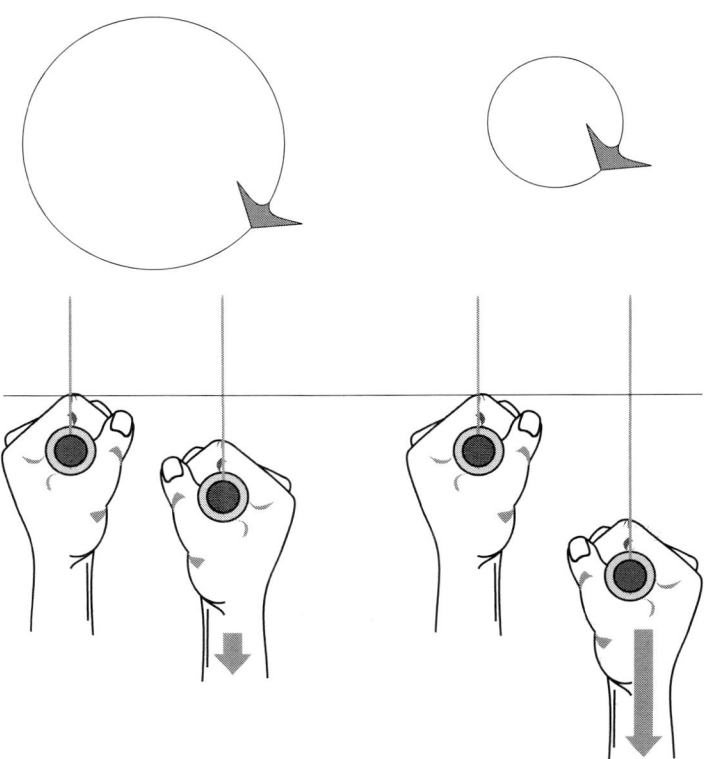

Kreisfliegen. *Geringe Distanz der Hände (durch kurze Rückziehbewegung) – großer Kreis – große Distanz (durch lange Rückziehbewegung) – kleiner Kreis.*

So vermeidest du den Fehler: Starte deinen Kreis im Windfenster weit oben, so hast du genügend Raum, um reagieren zu können.

● Halte die zurückgezogene Hand so lange in gleicher Distanz zur anderen Hand, bis der Drachen die volle Kreisbewegung ausgeführt hat. Dann erst stellst du wieder gleiches Niveau her, indem du die ziehende Hand nach vorn drückst.

Kreis linksherum: Zieh den *linken* Griff leicht an den Oberkörper, während die rechte Hand ruhig gehalten wird.

● Behalte diese Handhaltung so lange bei, bis der Drachen wieder am Ausgangspunkt angekommen ist.

● Dann erst stellst du gleiches Niveau zwischen den Händen her, indem du die linke Hand wieder nach vorn drückst.

Nachdem die Kreisfigur geflogen ist, sind die Leinen einmal miteinander verdreht. Bei einem rechtsherum geflogenen Kreis liegt ein Turn rechts auf den Leinen. Den Drachen kannst du bedenkenlos weiter steuern. Um den Turn auf den Leinen wieder loszuwerden, fliegst du einen Kreis in die andere Richtung. Je nachdem, wie groß die Distanz zwischen den Hängen wird, wie weit also die eine Hand von der fixierten anderen weg nach vorn gedrückt wird, fällt der Radius des Kreises aus.

Hier gilt folgende **Faustregel**:
Enge Handstellung – großer Kreis.
Weite Handstellung – kleiner Kreis.

● Fliege jetzt *Kreise mit unterschiedlichen Radien* (sprich: verschiedene Distanzen zwischen den Griffen), links- und rechtsherum. Bald solltest du dein Augenmerk auf die Exaktheit der Kreise richten. Sind es wirklich Kreise oder rundliche Gebilde?

154

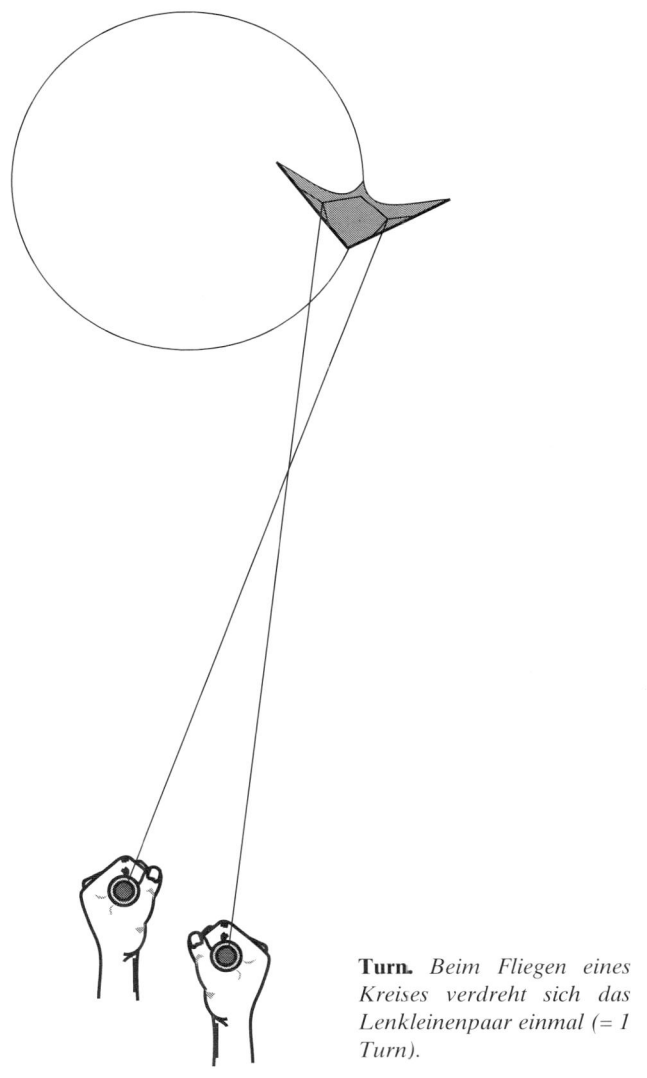

Turn. *Beim Fliegen eines Kreises verdreht sich das Lenkleinenpaar einmal (= 1 Turn).*

155

• Fliege einen *großen Kreis*, also mit geringer Distanz zwischen den Händen. Denke beim Fliegen eines Kreises an eine Uhr. Ausgangspunkt ist 12 Uhr. Der Drachen wird rechtsherum gesteuert in Richtung »3 Uhr«, dann erreicht er »6 Uhr« und ist damit am tiefsten Punkt angekommen. Nun steigt er wieder auf in Richtung »9 Uhr«, und um »5 Minuten vor zwölf« stellst du wieder gleiches Niveau der Hände her.

Beachte den Abstand zwischen den Händen. Hältst du konsequent eine bestimmte Distanz aufrecht, so ist der Kreis auch tatsächlich rund. Wird der Abstand während der Figur verändert, kommt nur ein rundliches Gebilde zustande.

• Als nächstes probiere, *mehrere Kreise in eine Richtung* zu fliegen. Nach jedem Kreis testest du, durch Hin- und Herbewegen des Drachens, wie gut er sich noch steuern läßt. Hast du zehn Turns auf den Leinen, wirst du bemerken, daß der Drachen sich nicht mehr so leicht steuern läßt wie am Anfang. Halte versuchsweise die Fäuste weit auseinander. Probiere mit Hin- und Herfliegen, wie der Drachen reagiert. Anschließend fliegst du das gleiche Manöver mit möglichst dicht zusammengehaltenen Griffen. Du wirst feststellen, daß das Lenken wesentlich leichter geht, wenn die Fäuste zusammengehalten werden. Wenn nicht allzuviel Wind herrscht, ungefähr 3 Beaufort, kannst du einmal ausprobieren, wie viele Turns du auf deine Leine fliegen kannst, bevor sich der Drachen kaum noch steuern läßt. Diese Anzahl sollte größer als 20 sein, anderenfalls solltest du dir bessere Flugleinen besorgen.

Tip: Merke dir, ab wieviel Turns es kritisch wird, den Drachen zu steuern.

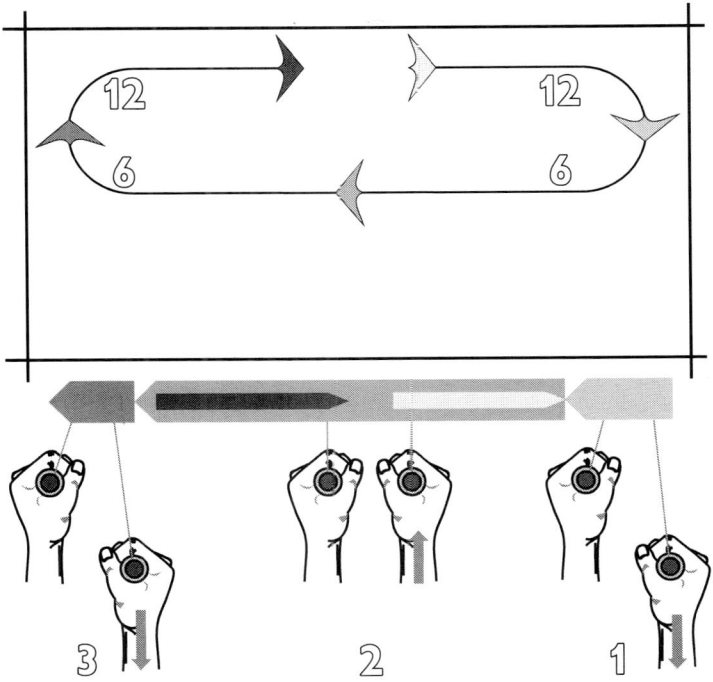

Windfenster erforschen. *Die breiten waagerechten Pfeile geben den zeitli-chen Ablauf wieder. Gleiche Grauwerte von Drachensymbol und Zugpfeil zeigen die Zusammengehörigkeit an. Achte auf die hiermit verbundene Handhaltung.*
– Kreisbogen nach unten von »12« nach »6 Uhr«
– Parallele zum Horizont
– Kreisbogen nach oben von »6« nach »12 Uhr«. In den Halbkreisen wird die rechte Faust nach hinten gezogen. Kurz vor dem Ende des Halbkreises wird die rechte Faust wieder nach vorn geschoben. Während des Gerade-ausflugs (Parallele zum Horizont) müssen beide Fäuste gleiches Niveau ha-ben (wenn die Linienlänge stimmt).

157

Versuche danach möglichst nicht mehr, an diese Extremzahl heranzukommen. Du vermeidest eine zu hohe Zahl von Turns auf den Leinen, indem du rechtzeitig die Turns wieder »aus den Leinen fliegst«, das heißt in die entgegengesetzte Richtung steuerst.

● Für die nächste Übung fliegst du *mehrere Kreise in eine bestimmte Richtung.* Zähle mit. Fliege *ein paar Kreise in die entgegengesetzte Richtung,* dann wieder in die ursprüngliche Richtung. Addiere die Kreise in ein und derselben Richtung, und subtrahiere davon die Kreise in die entgegengesetzte Richtung. Fliege dann die so errechnete Anzahl an Turns in die unterrepräsentierte Richtung. Hast du richtig gezählt, sind am Ende keine Turns mehr auf der Leine.

Erforschen des Windfensters

Versuche, den Drachen in einer Geraden von rechts nach links, parallel zum Boden, und wieder zurück zu steuern.
Hierzu lenkst du den Drachen zunächst in die rechte Windfensterhälfte. Dann steuerst du einen kleinen Halbkreis rechts herum – von »12 Uhr« nach »6 Uhr«. Ist der Drachen »5 Minuten vor sechs«, stellst du gleiches Niveau beider Lenkgriffe her. Der Drachen fliegt in Richtung der Drachennase parallel zum Boden. Erreicht er den linken Windfensterrand, steuerst du einen kleinen Halbkreis – von »6 Uhr« nach »12 Uhr« –, um ihn in die entgegengesetzte Richtung zu lenken. Dabei wirst du bemerken, daß am Rand des Windfensters kaum mehr Druck auf dem Drachen zu spüren ist, etwa so, als ob der Drachen über dir steht.

158

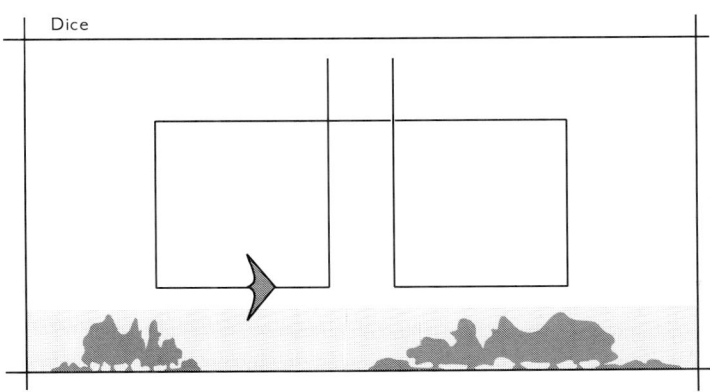

Beim Einüben einer neuen Figur ist ein **Sicherheitsabstand** *zum Boden ein-zuhalten. Die gezeigte Figur heißt Dice und basiert auf zwei kombinierten Quadern.*

Sobald du aus dem Bogenfliegen die herangezogenen Hände in die »Grundstellung« (nebeneinander) zurück-schiebst, fliegt der Drachen geradeaus in die Richtung, in welche seine Nase zeigt.

Läßt sich nun der Drachen kaum mehr in die andere Rich-tung steuern, so lenke in den Kreis ein, und gehe zusätzlich dabei ein paar Schritte zurück, bis die Nase in die entge-gengesetzte Richtung, zum rechten Windfensterrand, zeigt.

Fliege eine Gerade parallel zum Boden in die entgegenge-setzte Richtung. Versuche dir zu merken, wann der Dra-chen den jeweils äußersten rechten bzw. linken Punkt innerhalb des Windfensters erreicht hat, und wende kurz vorher.

> **Tip:** Betrachte dir die Landschaft hinter deinem Windfenster. Findest du im Hintergrund eine markante Stelle, einen Strauch, einen Baum, ein Haus, einen Leuchtturm oder ähnliches am linken bzw. rechten Windfensterrand, weißt du beim Überfliegen dieser Stelle: Jetzt ist es Zeit umzudrehen.

Versuche mit einem ähnlichen Trick, nie unter einer sicheren Höhe – am Anfang 10 Meter, mit etwas mehr Routine 5 Meter – zu dicht an den Boden zu fliegen. Denke dir eine Parallele zum Boden in diesem Abstand, oder suche in der Landschaft nach einer geeigneten Linie (einem Deich oder Wald), unter deren Höhe du nicht fliegen willst. So hast du am Anfang immer ein gewisses Sicherheitspolster zum Boden, der ja leider nicht nachgibt.

Alle neuen Figuren werden prinzipiell oberhalb der gedachten Sicherheitslinie geflogen und probiert. Auf diese Weise kannst du dich stärker auf die Figur konzentrieren und erntest nicht gleich einen Absturz. Befindet sich der Drachen dennoch mal unterhalb der gedachten Sicherheitslinie, heißt es nur noch: Kehrtwendung und das Manöver noch mal von vorn ansetzen.

Liegende Acht

Im Englischen nennt sich die Figur »Infinity«, was soviel wie »Unendlich« bedeutet. Das Unendlichzeichen in der Mathematik ist ja eine liegende Acht. Diese Figur kann in der Tat unendlich oft geflogen werden.

Nach der ersten Hälfte sind die Leinen einmal über Kreuz, nicht ganz ein voller Turn. Mit der zweiten Hälfte wird diese Kreuzung wieder herausgeflogen. Fliegt der Pilot andauernd diese Infinity in einer Richtung, kommen also keine sich addierenden Verdreher auf die Leine, kann die Figur unendlich lange geflogen werden. Fliegen kannst du sie rechts- oder linksherum, von unten nach oben oder umgekehrt. Es gibt also vier Möglichkeiten.

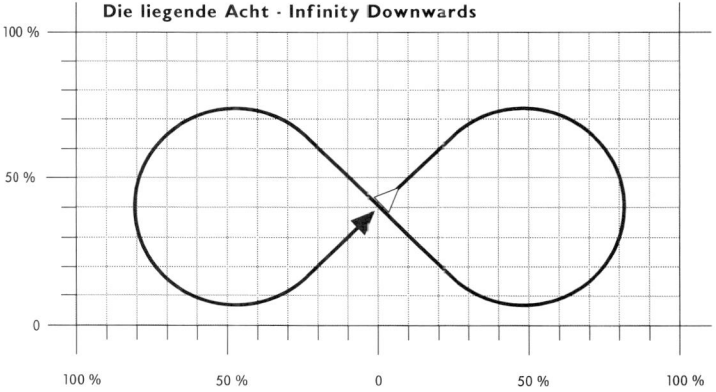

Da das Windfenster kein Rechteck ist, dient es für Figuren des **S.T.A.C.K.**-Regelwerkes Bezugsrahmen und Größe für Plazierung der Figur am Himmel. Die Ziffer 0 der x-Achse kennzeichnet die Windfenstermitte und den Standort des Piloten. Die 100-%-Marken geben den linken bzw. den rechten Windfensterrand an, den das Drachenmodell bei dem herrschenden Wind erreichen kann. Entsprechend zeigt die 100-%-Markierung auf der y-Achse den höchsten Punkt an, der an den Rändern noch erreicht werden kann. In der Windfenstermitte kann der Drachen höher steigen, quasi 120 %. Dieser Bereich wird nicht genutzt. Für die Größe eines Kästchens ist die geflogene Leinenlänge maßgeblich. Als Anhaltswert kann bei einer 25 Meter kurzen Schnur 1,50 Meter und bei 42 Metern eine Größe von 3 Metern angenommen werden. Das weiß gefüllte Dreieck kennzeichnet den Startpunkt und das schwarz gefüllte Dreieck den Endpunkt der Flugfigur.

161

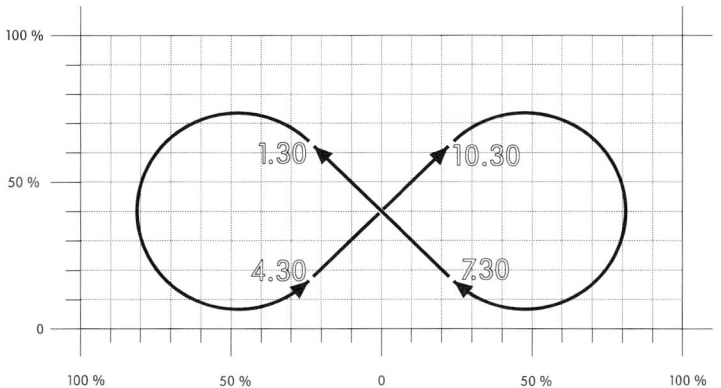

Die liegende Acht – *zerlegt in Kreisbögen und Geraden*

● Wir wollen diese Figur nach dem S.T.A.C.K.-Regelwerk fliegen, auf das ich in diesem Abschnitt noch eingehen werde. S.T.A.C.K. steht für **S**tunt **T**eam **a**nd **C**ompetitive **K**iting. Es ist ein Regelwerk, das bei Lenkdrachen-Meisterschaften international angewandt wird.

Eine der »einfachen« Figuren ist die »*Infinity Downwards*«. Wie der zweite Teil des Namens verrät, werden die Kreisbögen abwärts geflogen. Im Regelwerk wird auch die Richtung vorgegeben: von rechts nach links.

Betrachten wir die Figur genauer und lösen sie in vier Teile auf: eine um 45 Grad von links nach rechts steigende Gerade, ein Dreiviertelkreis im Uhrzeigersinn abwärts, eine um 45 Grad steigende Gerade von rechts nach links und ein Dreiviertelkreis gegen den Uhrzeigersinn wiederum abwärts. Es soll bei der liegenden Acht zunächst noch nicht die Perfektion für Meisterschaften geübt, sondern anhand dieser Figur die Flugtechnik erweitert werden.

162

Aus Elementen der bereits geübten Figuren (Kreis und Windfenster-Erforschen) kannst du diese »Infinity Downwards« zusammensetzen. Beginne in der linken unteren Hälfte des Windfensters, und fliege im Winkel von 45 Grad nach oben. Sobald die Drachennase in diese Richtung zeigt, fliegst du durch Gleichhalten beider Lenkgriffe die 45-Grad-Gerade. Der rechte Dreiviertelkreis beginnt bei »10.30 Uhr«, du ziehst also den rechten Griff heran, bis die Nase »7.30 Uhr« erreicht hat. Dann wird die rechte Hand wieder nach vorn gedrückt, um die 45-Grad-Gerade von rechts unten nach links oben zu fliegen. Nun wird bei »1.30 Uhr« gegen den Uhrzeigersinn – durch Heranziehen des linken Griffes – der linke Dreiviertelkreis geflogen. Bei »4.30 Uhr« wird der linke Griff wieder nach vorn gedrückt und die 45-Grad-Gerade von links-unten nach rechts-oben geflogen. Übe diese Figur einige Male, bis du sie gut beherrschst.

Lenktechniken

Die Zieh-Drück-Technik (pull/push)

Bei allen Figuren, die du bis jetzt geflogen hast, sind die
Kurven mit *Heranziehen* eines Griffes an den Körper und
Wieder-nach-vorn-Drücken des Griffes geflogen worden.
Ohne bereits die korrekte Bezeichnung dieser Lenktech-
nik zu kennen, hast du dich der Zieh-Drück-Technik be-
dient.

Ihr **Prinzip:** Ein Griff wird festgehalten und ausschließlich der andere Griff durch Ziehen und Drücken mit der
entsprechenden Hand bewegt.

Anwendungsgebiet: besonders »glatte« Richtungsänderungen des Drachens, deshalb wird sie bei geometrischen
Figuren eingesetzt.
Die englischen Bezeichnungen kommen unverändert auch
in unserer Spezialliteratur vor. Mit den Steuerbewegungen
seiner Hände beeinflußt der Pilot nicht nur die Richtung
des Drachenflugs. Mit der *ziehenden* Bewegung wird der
Drachen *schneller*. Mit der *drückenden* Bewegung wird der
Drachen *langsamer*.
Mit dem Ziehen wird der Winddruck auf einer Drachenhälfte erhöht, der Drachen beschleunigt. Mit dem Drücken
wird der Druck auf einer Drachenhälfte verringert, der
Drachen wird langsamer. Wenn du jetzt die Infinity noch-

164

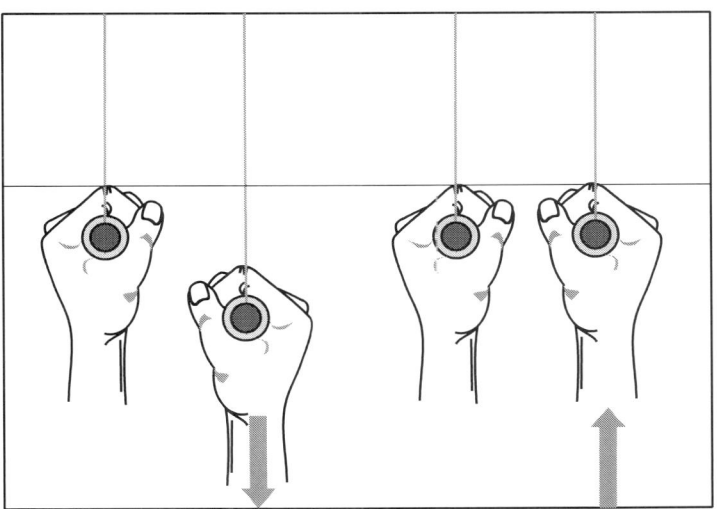

Oben: **Zieh-Drück-Technik** – *Unten:* **Zieh-Zieh-Technik**

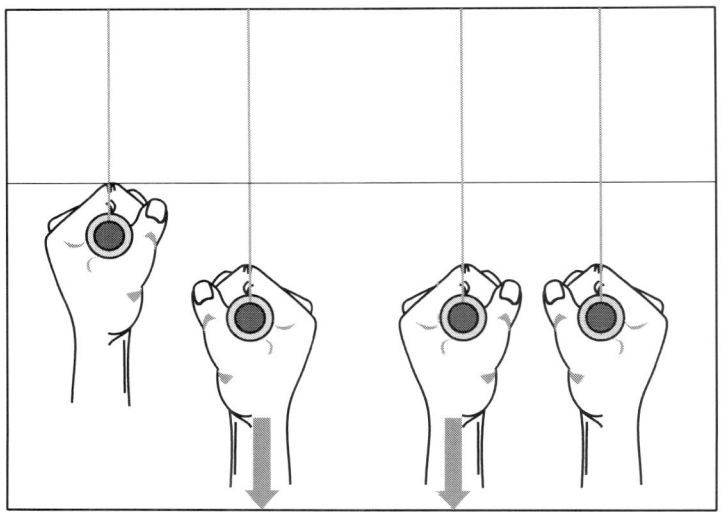

mals fliegst, dann achte auch auf die Geschwindigkeit des Drachens!

Die Zieh-Zieh-Technik (pull/pull)

Versuche als nächstes die Zieh-Zieh-Technik. Du ziehst den Drachen wie gewohnt in den Kreisbogen. Am Ende des Bogens aber ziehst du den anderen Griff auf gleiches Niveau heran. Die im Englischen mit pull/pull bezeichnete Zwei-Hand-Technik wird benutzt, um die Geschwindigkeit des Drachens aufrechtzuerhalten oder gar zu erhöhen. Am Ende eines Kreises wird der Drachen also nicht langsamer, sondern schneller, weil durch nochmaliges Ziehen zusätzlicher Druck im Segel erzeugt wird.

Prinzip der Zieh-Zieh-Technik:

Eine Hand zieht	– Einleiten des Kreisbogens
Die andere Hand zieht nach	– Beenden des Bogenflugs und Tempozugabe

Ein kleines technisches Problem ist hierbei zu lösen. Schließlich kann der Pilot nicht endlos ziehen. Um die Hände wieder nach vorn zu bekommen, werden sie langsam in einer gleichmäßigen, flüssigen Bewegung während der Geraden nach vorn geschoben. Eine andere Möglichkeit ist, einen Schritt zurückzugehen. Nur kann der Pilot auch nicht endlos zurückgehen.

Achtung: Bei der Zieh-Zieh-Technik kann der Drachen überdrehen, wenn der Winddruck im Segel völlig abreißt. Der Drachen dreht sich dann weiter, obwohl der Pilot längst geradeaus steuert.

Wann der Drachen zu überdrehen droht, muß durch Probieren am jeweiligen Drachenmodell herausgefunden werden. Im einzelnen ist mittels schrittweiser Verkürzungen der Bogenradien, verbunden mit der Ziehgeschwindigkeit, zu testen, wann der Drachen zum Überdrehen neigt.

Das Überdrehen wird in Fachkreisen mit *Nachdrehen* bezeichnet.

Durch eine andere Einstellung der Waagen, Verstärken des Bauchs und der Spannung der Saumspannleine läßt sich am Drachen gegen das unerwünschte Nachdrehen einiges verbessern.

Die Drück-Zieh-Technik (push/pull)

Wer exakte Ecken fliegen will, muß die Drück-Zieh-Technik beherrschen. Sie wird *mit einer Hand* ausgeführt. Bei der liegenden Acht ist erst mal ein Umdenken erforderlich. Statt daß im rechten Dreiviertelkreis die rechte Hand zieht und drückt, bleibt sie unverändert stehen.

Prinzip: Der Drachen wird mit der *linken* Hand durch Nach-vorn-Drücken in den Kreisbogen *gedrückt*. Am Ende des Bogens wird die Linke wieder zurückgezogen, um in die 45-Grad-Gerade zu steuern.

Der Drachen wird durch die Drückbewegung zunächst langsamer und am Ende des Bogens durch das Ziehen wieder schneller. Diese Technik ist wohl die vielseitigste aller Techniken.

Anwendungsgebiet: eckige Richtungsänderungen

Nur wer die Drück-Zieh-Technik beherrscht, ist in der

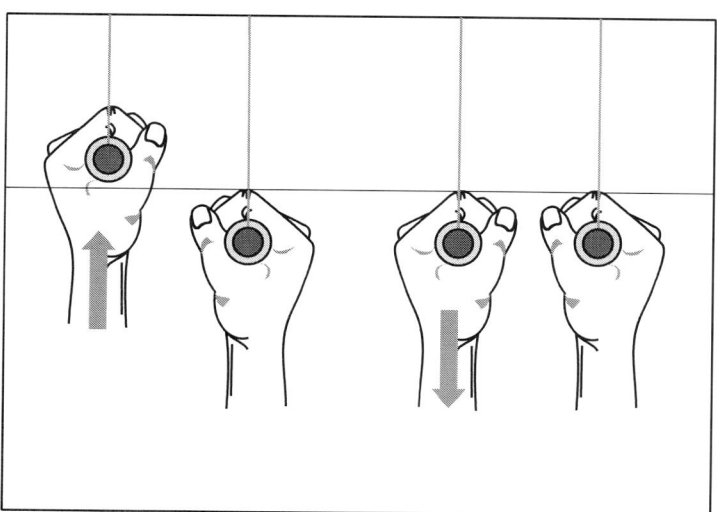

Oben: **Drück-Zieh-Technik** – *Unten:* **Drück-Drück-Technik**

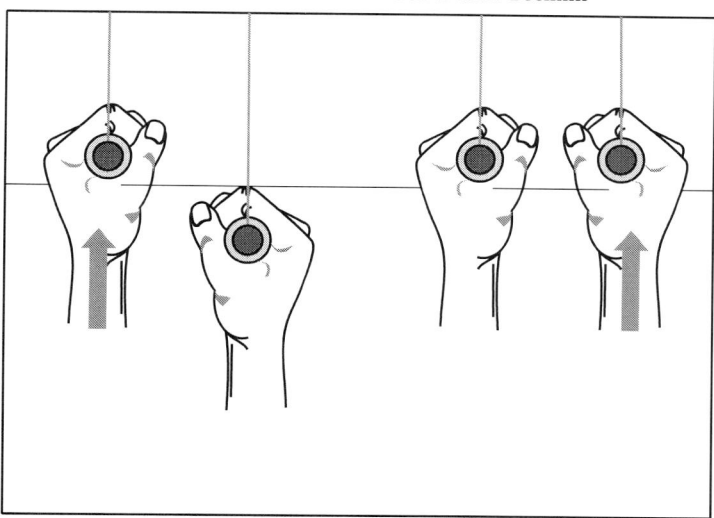

Lage, richtig eckige Figuren zu fliegen. Deshalb soll gerade diese Lenkmethode geübt werden.

Die Drück-Drück-Technik (push/push)

In der Sammlung der Kombinationen von Handbewegungen fehlt noch die Drück-Drück-Technik, eine Beid-Hand-Technik.

Prinzip: Eine Hand drückt – der Drachen fliegt langsam in die Kurve.
Die andere Hand drückt – der Drachen fliegt langsam aus der Kurve heraus.

Auch diese Technik wird an der liegenden Acht geübt.
Anwendungsgebiet: Den Drachen startbereit landen oder den Drachen im Flug anhalten und weiterfliegen lassen – *Stop and Go* nennt sich das Manöver (vgl. S. 178).

Die Kombination

Als letzte Technik ist noch die *Kombination aus Drücken und Ziehen* zu nennen.
Hierbei führt jeder Arm gleichzeitig die jeweilige Bewegung nur »halb« aus. Um die Infinity zu fliegen, wird die linke Hand nach vorn gedrückt, während die rechte nach hinten *gezogen* wird.

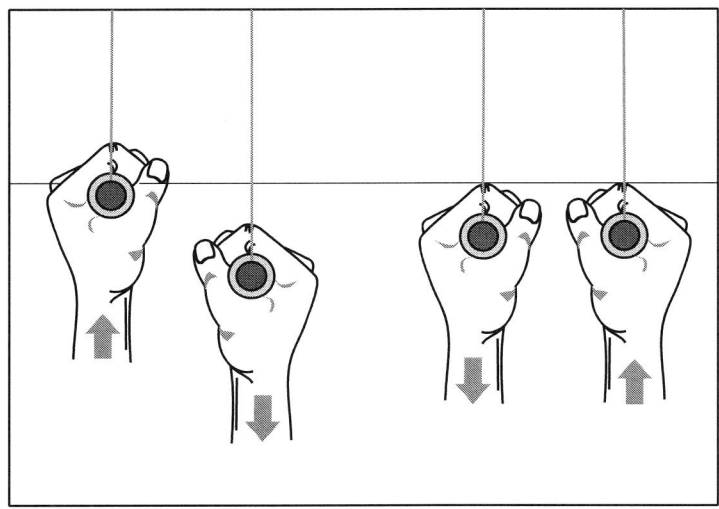

Die Kombination

Achtung: Da beide Hände beteiligt sind, muß darauf geachtet werden, daß die Steuerbewegung insgesamt nicht zu stark ausfällt, in unserem Beispiel die Kreisbögen nicht zu klein werden.

Prinzip (Beispiel): linke Hand vordrücken, während die rechte Hand angezogen wird = Einleiten eines Rechtsbogens.

Wir fliegen Figuren und festigen die Technik

Figuren wie der *Big Circle* oder *Two Circles within a Circle* stehen stellvertretend für die Drück-Zieh-Technik.

Bei Figuren mit engen Kreisen, wie der *Hairpin*, kann die Zieh-Zieh-Technik eingesetzt werden. Vorsicht ist geboten, um den Drachen nicht zu überdrehen.

Die Drück-Zieh-Technik muß von allen Techniken am

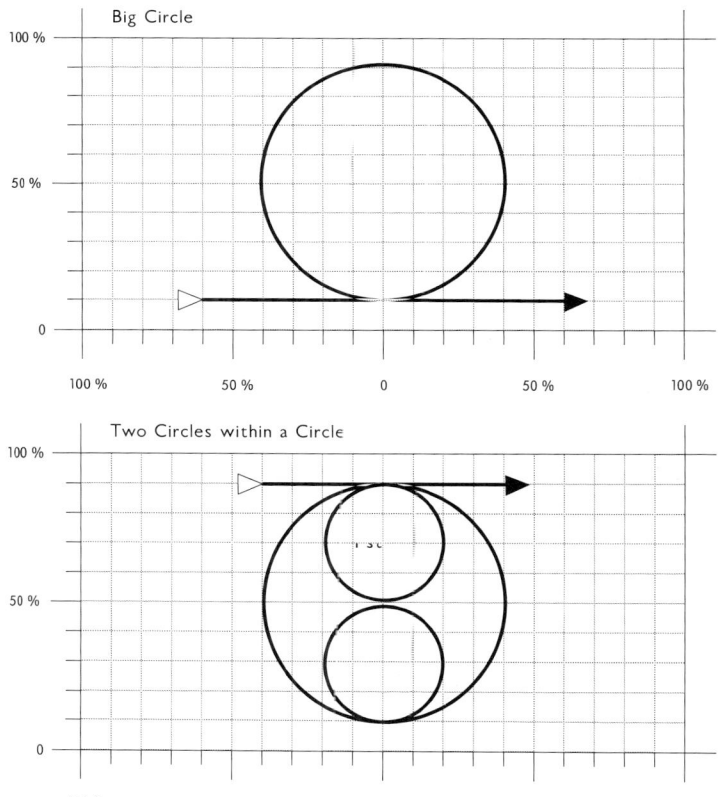

Oben: **Der große Kreis** *– Unten: Zwei Kreise in einem Kreis. Reihenfolge: Parallel in die Figur hineinfliegen, kleiner Kreis oben, großer Halbkreis nach unten, kleiner Kreis unten, großer Halbkreis nach oben und parallel herausfliegen.*

171

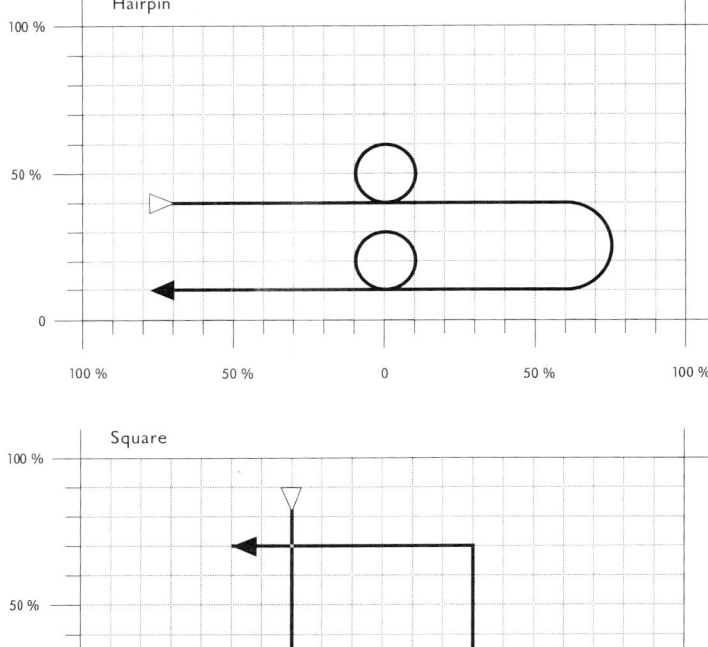

Oben: Beim **Hairpin** *darauf achten, daß beide Kreise untereinander stehen. Unten: Beim* **Quadrat** *(Square) werden die rechtwinkligen Ecken mit der Drück-Zieh-Technik – schnell wie ein Boxschlag – ausgeführt. Für die gleichmäßige Geschwindigkeit des Drachens muß der Pilot sorgen. Fliegt der Drachen abwärts, wird auf ihn zugegangen. Fliegt er aufwärts, wird zurückgegangen.*

172

häufigsten geübt werden, damit der Drachen tatsächlich eckige Figuren fliegt. Versuche zunächst, eine einfache Ecke mit deinem Drachen zu fliegen. Um kein unnötiges Risiko einzugehen, fängst du rechts im Windfenster mit einer Parallele zum Boden an und steuerst den Drachen dann senkrecht, im 90-Grad-Winkel, nach oben.

Je nach Drachenmodell, Einstellung und Windgeschwindigkeit müssen die Griffe unterschiedlich weit auseinandergebracht werden. Bei einem modernen Lenkdrachen gelten 25 cm als Anhaltswert für die maximale Distanz.

Der Bewegungsablauf ist sehr schnell, schneller als ein GTI-Fahrer schalten kann. Deshalb kannst du die Hand nicht einfach nach vorn drücken und wieder nach hinten ziehen, sondern du mußt sie, wie bei einem Boxschlag, sehr schnell nach vorn stoßen und blitzartig wieder zurückziehen.

Da der Drachen von rechts kommt und der 90-Grad-Knick nach oben führen soll, mußt du die *linke* Hand benutzen. Fällt der Winkel noch zu gering aus, mußt du beim nächsten Versuch den Weg der Hand verlängern.

Faustregel:
Kurzer Handweg – geringere Richtungsänderung, langer Handweg – scharfe Richtungsänderung (spitzer Winkel).

Übe diesen 90-Grad-Knick so oft, bis du im Gefühl hast, wie weit du nach vorn schlagen mußt. Beobachte dabei stets die Drachennase.

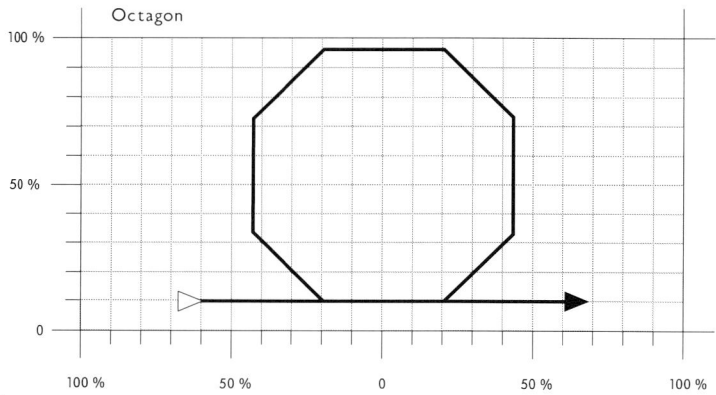

Achteck: *Für gleichmäßige Kantenlängen mitzählen beim Fliegen der Geraden.*

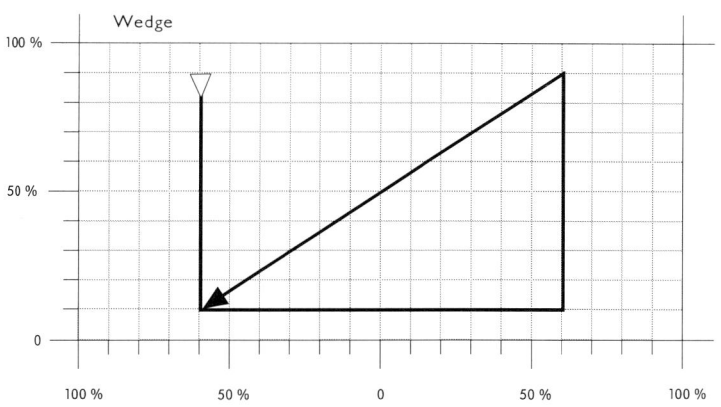

Wichtig bei der **Waage** *(Wedge) ist es, sich die Position der ersten Ecke (unten links) zu merken. Sie soll nach der dritten Ecke (oben rechts) angepeilt und auch »getroffen« werden.*

174

Hast du »die Ecke raus«, beginnst du mit einem **Quadrat**, das in einer Parallele zum Boden von rechts nach links angeflogen wird. Vor dem linken Rand des Windfensters steuerst du die erste Ecke mit der Linken. Oben angekommen, wieder mit der Linken steuern. Dann zum Sturzflug nach unten mit der Linken und rechtzeitig vor Erreichen des Bodens nochmals mit links.

Keine Panik – du siehst, wie schnell dein Drachen auf Drück-Zieh reagiert. Nur Mut und schnell die letzte Ecke geflogen, um wieder parallel zum Boden zu sein.

Wie beim Kreis rechtsherum hast du nun einen Turn rechts auf den Leinen, den du am besten mit einem Quadrat in entgegengesetzter Richtung herausfliegst.

Beispiel für **weitere eckige Figuren zum Üben:**

– 180-Grad-Kehre. Mit der Boxschlag-Technik, wie ich diese erweiterte Drück-Zieh-Technik bezeichnen möchte, kannst du den Drachen auch **um 180 Grad** auf seiner Flugbahn **zurücklenken**. Übe diese Aktion zunächst in Richtung Windfensterränder. Erst wenn du sicher bist, daß du die 180-Grad-Wende beherrschst, solltest du es von oben nach unten versuchen.

– Achteck. Im Achteck, das von links unten angeflogen wird, mußt du zunächst einen 45-Grad-Winkel, dann ein Stück geradeaus und wieder einen 45-Grad-Winkel steuern. Damit solche Figuren symmetrisch aussehen, wird wiederum die Zähltechnik angewendet. Für jede Gerade zählst du beispielsweise bis drei, dann eine Kombiecke im Winkel von 45 Grad und geradeaus bis drei usw., bis das Achteck fertig geflogen ist.

Andere Vielecke können natürlich auch mit der Boxschlag-Technik geflogen werden. Hier kommt es sehr auf die **richtige** Dosierung an.

Mit der Drück-Drück-Technik wollen wir das **Landen** üben. Beherrschst du diese Methode, kannst du wie die Profis den Drachen in seine Startposition zurück auf den Boden setzen und gleich wieder starten. Anfangs sollte die Methode sehr weit an einem der Windfensterränder probiert werden. Gelingt die Landung mühelos, kannst du den Landepunkt allmählich zur Windfenstermitte hin verlagern.

Landen und wieder starten

1. Fliege den Drachen von links nach rechts parallel zum Boden. Hierbei ist wichtig, daß du möglichst knapp über dem Boden parallel steuern kannst, ohne daß der Drachen Bodenkontakt hat.

2. Ist der Drachen am rechten Windfensterrand, drückst du die *rechte* Hand nach *vorn*, beobachtest dabei die Nase, bis sie fast 90 Grad nach oben zeigt, und drückst die linke Hand dann ebenfalls nach vorn. Hiermit wird zweimal Druck aus dem Segel genommen, und der Drachen sinkt mit dem Heck voran zu Boden.

3. Erneutes Starten: Durch gleichzeitiges Zurückreißen beider Leinen und Zurücktreten um ein paar Schritte startet der Drachen wieder, und du kannst ihn zurück in die Windfenstermitte lenken.

Tips: Bei der Landung kannst du während der Drück-Drück-Bewegungen durch ein paar Schritte auf den Drachen zu noch ein wenig nachhelfen. Die Leinen müssen so gehalten werden, daß der Drachen mit der Nase leicht nach hinten – in Windrichtung – gekippt ist, falls du ihn nicht sofort wieder starten willst.

176

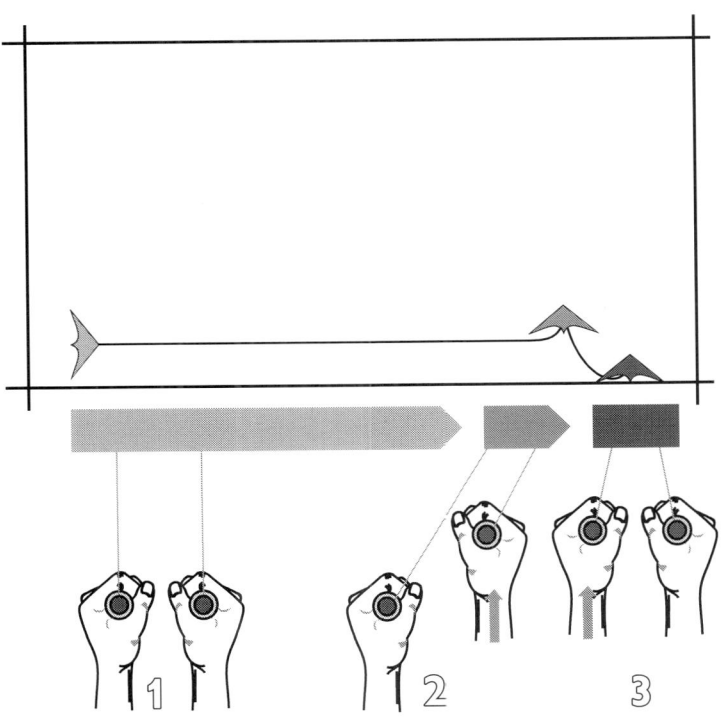

Landung auf den Flügelspitzen

1. Den Drachen von links nach rechts mit paralleler Fausthaltung knapp über dem Boden fliegen.

2. Die rechte Faust nach vorn stoßen: Der Drachen dreht nach oben.

3. Die linke Faust auf gleiches Niveau nach vorn stoßen und gleichzeitig ein paar Schritte auf den Drachen zugehen: Der Drachen landet auf den Flügelspitzen. Die Drachennase beobachten, daß sie in Windrichtung geneigt wird, damit er nicht sofort wieder abhebt.

Zum Starten beide Fäuste zurückziehen und ein paar Schritte zurückgehen.

– Je schneller dieser Ablauf ausgeführt werden kann, desto näher kannst du den Drachen an der Windfenstermitte landen.

Anhalten während des Fliegens und Weiterfliegen (Stop and Go) bedient sich der gleichen Technik: Zuerst wird eine scharfe, schnelle »Drückecke« geflogen, gefolgt von der zweiten Hand, die ebenfalls nach vorn drückt, wobei der Pilot ein paar Schritte auf den Drachen zugeht und bei starkem Wind manchmal sogar rennt.

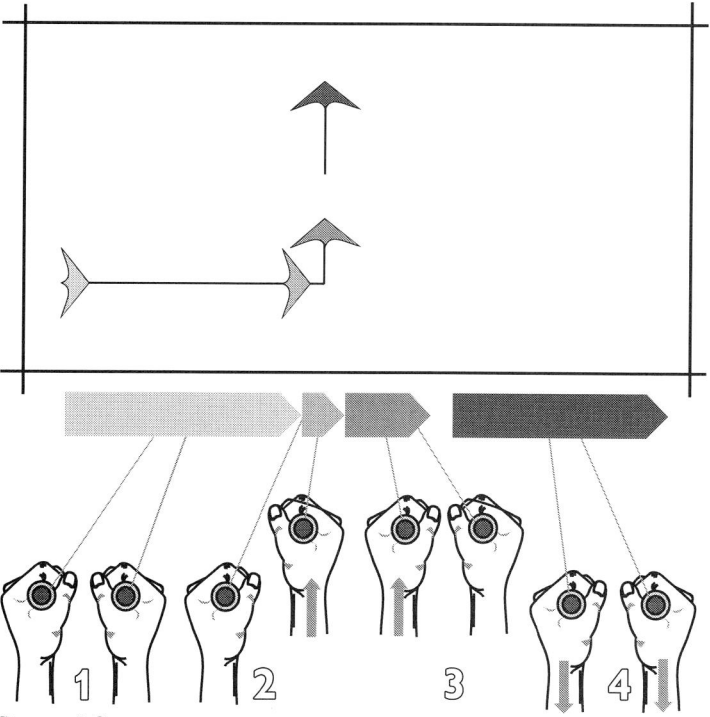

Stop and Go
1. *Von links nach rechts horizontal einfliegen. Handhaltung: parallel.*
2. *Die Ecke wird mit einem schnellen Drück-Zieh-Manöver ausgeführt.*
3. *Unmittelbar nach der Richtungsänderung werden beide Fäuste vorgestoßen und gleichzeitig ein paar Schritte auf den Drachen zu gelaufen.*
4. *Zum Weiterfliegen werden beide Fäuste schnell wieder zurückgezogen. Der Drachen muß bei diesem Manöver wie angenagelt stehenbleiben.*

Relativ einfach ist die **Landung auf einem der Flügelstäbe,** egal ob es sich um einen Peter Powell Stunter oder um einen Super Sky Dart handelt. Der Drachen wird parallel zum Boden geflogen und außerhalb des Zentrums auf eine Kante gelegt.

Landung von links nach rechts. Die *linke Hand* wird leicht *nach vorn* gedrückt, und gleichzeitig wird ein paar Schritte auf den Drachen zugegangen. Der Drachen legt sich auf den rechten Flügelstab. *Ziehst* du nun an der linken, im Augenblick oberen Leine gleichmäßig bei entspannter rechter Leine, wird sich der Drachen mit der Spitze nach oben drehen. In diesem Moment ziehst du an beiden Leinen gleichmäßig und gehst ein paar Schritte zurück, um mit zusätzlichem Auftrieb den Drachen wieder in das Windfenster zu bekommen.

179

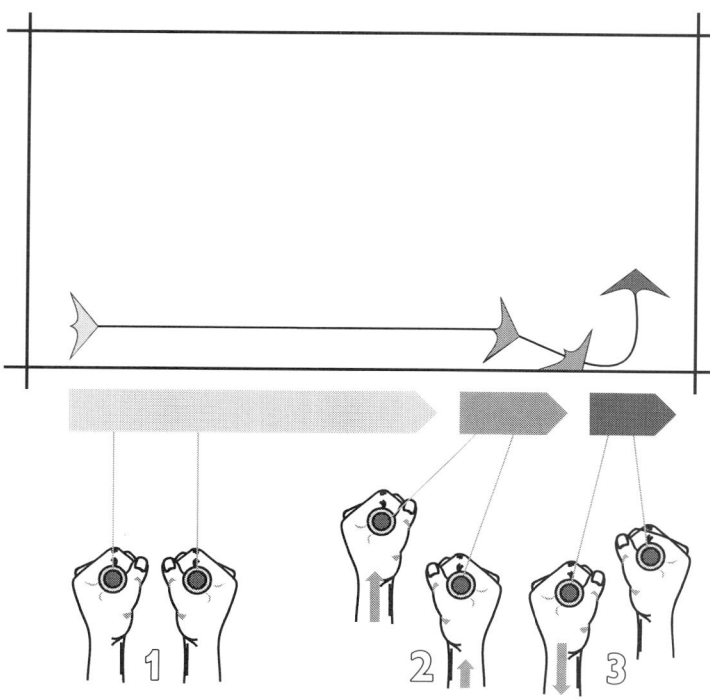

Landung auf der Leitkante mit anschließendem Start

– *Horizontal und möglichst tief vom linken zum rechten Windfensterrand fliegen.*

– *Für die Landung: Linke Faust stark und die rechte etwas nach vorn drükken. Bei viel Wind gleichzeitig ein paar Schritte auf den Drachen zugehen.*

– *Für den Start: Die linke Faust stark zurückziehen. Wenn der Drachen abhebt, ein paar Schritte zurückgehen und gleiches Niveau der Fäuste herstellen, sobald die Nase nach oben zeigt. Tip: Zum Starten immer die Leine zurückziehen, deren Waageangriffspunkt oben ist.*

Geschwindigkeitskontrolle

Durch die verschiedenen Lenkmanöver ist der Pilot anfangs immer genötigt, zurückzulaufen, um die knappe Windwirkung an den Rändern durch eigenen Druckaufbau ein wenig zu verstärken und den Drachen unter Kontrolle zu halten. Das ist unbewußt der Anfang der Geschwindigkeitskontrolle. Der Pilot merkt, daß der Druck knapper wird, und reagiert. Ebensogut kann der Pilot, um wieder Boden zu gewinnen, nach vorn laufen. Am leichtesten fällt dies, wenn der Drachen durch die Windfenstermitte geflogen wird. Bei Figuren, die eine **Abwärtsbewegung** enthalten, wie z. B. dem Quadrat, kann der Pilot das Fallen des Drachens nutzen und auf ihn zugehen oder -laufen, je nach Windgeschwindigkeit. Problematisch wird es nur, wenn zu schnell gelaufen wird: Der Drachen kommt ins Segeln, die Leinen hängen durch, und Steuermanöver bleiben ohne Wirkung. Das ist das Gegenteil von Geschwindigkeitskontrolle, der Pilot hat die Kontrolle verloren.

Um die Geschwindigkeit souverän zu kontrollieren, muß der Pilot einen »siebten Sinn« entwickeln, das heißt, er muß mit wachen Sinnen viele Erfahrungen sammeln.

Ich bevorzuge Lenkgriffe, weil sich damit relativ leicht diese Kontrolle ausüben läßt. Die Zeigefinger beider Hände drücken leicht auf den oberen Schenkel der Griffleinen, während die anderen Finger den Griff tatsächlich festhalten. Beim Durchfliegen des Windfensters wird mit dem Druck der Zeigefinger wie mit einem Fühler festgestellt, wann viel Zug auf den Drachenleinen ist und wann weniger.

Die Geschwindigkeit des Drachens ist direkt proportional zur Spannung auf den Leinen. Der Drachen wird langsamer bei weniger Zug auf den Leinen und schneller bei mehr Zug auf den Leinen.

> Will der Pilot nach vorn laufen, muß er das immer in einer Geschwindigkeit vornehmen, bei der er noch Zug auf den Leinen spürt.

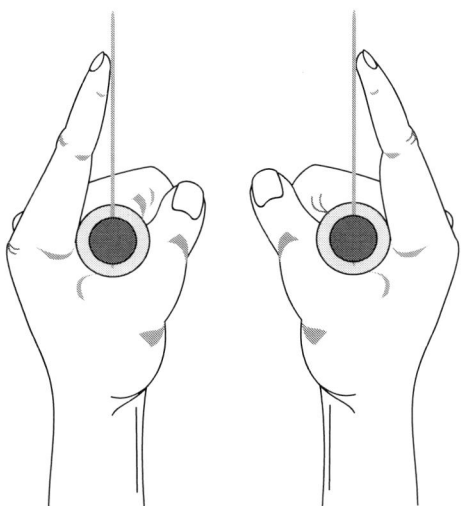

Geschwindigkeitskontrolle. *Die Zeigefinger werden wie Fühler an die oberen Schenkel der Griffschnur gedrückt. Läßt die Spannung nach, muß rückwärts gegangen werden, oder der Drachen wird gewendet und in die Mitte des Windfensters zurückgelenkt.*

Fliegen bei wenig Wind

Um auch dann noch den Drachen fliegen lassen zu können, wenn nur ein schwacher Wind weht, müssen schon bestimmte **Voraussetzungen** erfüllt sein:

Der richtige Drachen
Er zeichnet sich aus durch
- große Segelfläche,
- geringes Eigengewicht (leichtes Gestänge, leichte, dünne Leine),
- aerodynamische dreidimensionale Form, zu erreichen durch möglichst leichte Segelpositionierer (Stand-offs). Viele dieser Details optimiert der Lenkdrachenfreak durch Basteln, Austauschen von Teilen und dergleichen mehr. Es geht deshalb über das Grundwissen für Einsteiger hinaus.

Die richtige Waageeinstellung
Faustregel: wenig Wind – steile Einstellung.

Die richtige Flugtechnik
- Druckaufbau durch (kontrolliertes!) Zurückgehen,
- Fliegen im zentralen Bereich des Windfensters,
- sensible Geschwindigkeitskontrolle mit Vorwärtsgehen bei maximalem Winddruck.

Null-Wind-Manöver

Liegt die Windgeschwindigkeit um 1 Beaufort und darunter, können Null-Wind-Manöver geflogen werden. Bevor der Pilot eine der beschriebenen Figuren ausführt, muß er sicher sein, daß genügend Platz vorhanden ist und sich keine Hindernisse im Flugfeld befinden.

Das bekannteste Manöver ist der **360-Ground-Pass**. Dabei wird der Drachen in Bodennähe in 360 Grad einmal um den Piloten gesteuert. Um das Manöver auszuführen, wird der Drachen in der Mitte des Fast-Null-Wind-Fensters gestartet und in knappem Abstand vom Boden in den Horizontalflug gelenkt. Der Pilot läuft eine Spirale, ähnlich einem Schneckenhausgang, von innen nach außen, immer entgegengesetzt zum Drachen, *rückwärts*, damit zusätzlicher Druck im Drachensegel aufgebaut wird. Wenn der Drachen zu dicht in Bodennähe kommt, muß der Pilot schneller rennen. Der kritischste Moment ist erreicht, wenn der Drachen die Position genau entgegengesetzt der Windrichtung erreicht hat, hier muß der Pilot am schnellsten laufen. Danach kann das Tempo wieder verlangsamt werden. Das Ganze ist eine Konditionsübung, die sich bei Null-Wind am leichtesten üben läßt und eigentlich nur dem Spaß dient.

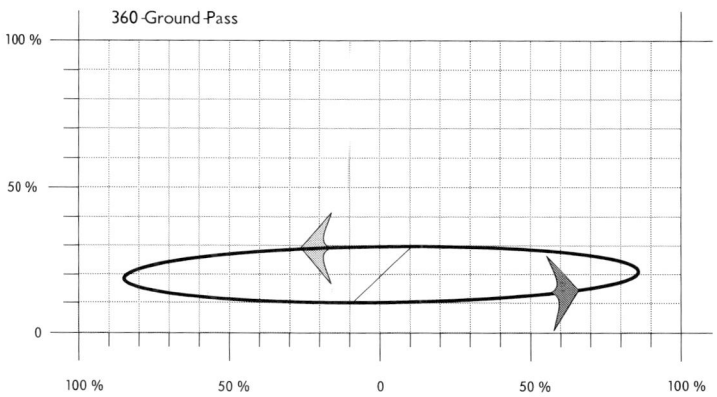

360-Ground-Pass. *Dieses Null-Wind-Manöver gelingt relativ einfach. Wichtig ist, das Parallelfliegen zum Boden zu beherrschen und die eigene Bewegung dabei nicht zu vergessen.*

Die zweite Null-Wind-Figur nennt sich **Over the Rainbow** und ist nicht so leicht zu fliegen wie der *360 Ground Pass.* Im ersten Teil dieser *Just-For-Fun-Aktion* beschreibt der Drachen einen aufgestellten 180-Grad-Halbkreis, wie ein Regenbogen. Daher der Name. Der Drachen wird in der Windfenstermitte senkrecht über den Piloten gelenkt und hinter ihm wieder herunter. Nach dem Umlenken in den Horizontalflug folgt ein 180-Grad-Halbkreis linksherum zum Ausgangspunkt, gleich der zweiten Hälfte des 360ers.

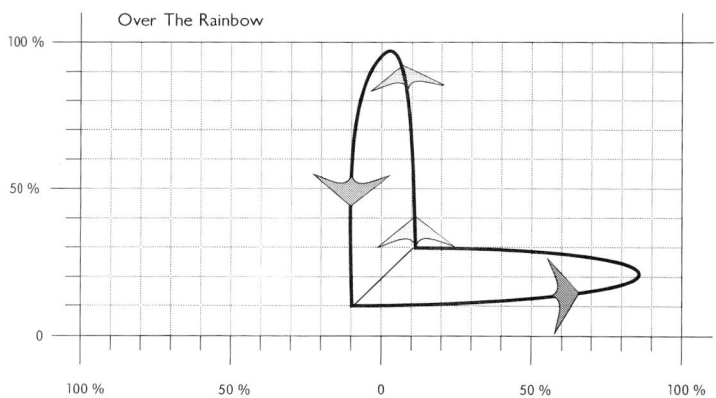

Over The Rainbow. *Dieses Null-Wind-Manöver gelingt nicht so einfach. Hierfür sind neben einem leichten Drachen eine gute Kondition und die Koordination des Spurts entscheidend.*

Der kritischste Moment bei dieser Figur ist erreicht, wenn der Drachen sich über dem Piloten befindet. Der Pilot muß, von Null auf Hundert, unter dem Drachen durchrennen, um die Spannung in den Leinen zu erhalten, bevor der Drachen ins Segeln gerät. Ist der Drachen über den Zenit und bewegt sich wieder abwärts, kann das Tempo verlangsamt werden. Kurz vor Erreichen des Bodens ist der Drachen mit einer 90-Grad-Ecke nach links parallel zum Boden zu steuern. Dies ist der zweite kritische Moment, da der Drachen genau entgegengesetzt der Windrichtung eine Lenkbewegung erfährt, die zum Strömungsabriß führt. Deshalb ist nach der Ecke noch mal ein schneller Spurt zu laufen.

Beide Figuren sind sehr eindrucksvoll anzusehen, setzen aber neben einem geeigneten Drachen viel Übung voraus, bevor sie gelingen.

Selbstbau eines Leichtwindfliegers

Es kommt weniger darauf an, ob das Segel nun mit 42 Gramm schwerem Spinnaker oder mit nur 32 Gramm schwerem Spinnaker genäht wird. Da die meisten Dartdrachen nicht mehr als 2,5 m^2 Segelfläche haben, spielen die gewonnenen 25 Gramm Gewicht eine untergeordnete Rolle. Besser ist es da schon, mit Mylarfolie oder ähnlich superleichtem Material zu arbeiten.

Der eigentliche Gewichtsverursacher ist das Gestänge. Im Schnitt werden nicht ganz acht Stangen von je 82,5 cm Länge verarbeitet. Acht Kohlefaserstangen wiegen zusammen 150 Gramm, die superleichten spiralgewickelten High-Tech-Stäbe hingegen nur 80 Gramm. Leider sind diese Stangen drei- bis viermal teurer als die aus Kohlefaser.

Ein Leichtwinddrachen muß mit möglichst wenig Stangen auskommen und genügend Bauch haben, um stabil in der Luft zu liegen, wie beispielsweise ein *Super Sky Dart*. Das Segel sollte möglichst wenig Nähte aufweisen, vor allem keine Quernähte. Verstärkungen aus Gurtband und Dacron erhöhen ebenfalls das Gewicht, auf sie kann verzichtet werden, da es bei wenig Wind nicht zu extrem harten Abstürzen kommt. Für die Flügelstabtaschen werden gleich die Zugaben an den Flügelkanten des Segels mit berücksichtigt. Lediglich die Spitze muß aus Dacron bestehen, um ein vorzeitiges Durchschlagen der Segelstäbe zu vermeiden. Für die *Waagen* und Lenkleinen sind ebenfalls nur leichte dünne Leinen einzusetzen.

Fliegen bei starkem Wind

Bei gleichmäßigem Wind von durchschnittlich 5 bis 6 Beaufort sollten sich nur Piloten auf die Flugfläche wagen, die schon mit stärkerem Wind Erfahrungen gesammelt haben und wissen, daß sie nicht sofort einen Crash »bauen«. Ein Absturz bei starkem Wind ist ziemlich wuchtig und zieht mindestens das Gestänge in Mitleidenschaft. Noch schwieriger und auch unangenehmer sind Windverhältnisse, bei denen immer wieder starke *Böen* über 6 Beaufort am Drachen und seinem Piloten zerren.

Was muß man bei Starkwind anders machen als sonst?
1. Keinen Drachen mit großer Segelfläche wählen. Im Gegenteil: je kleiner, desto besser.
2. Leinen mit größerer Tragkraft benutzen – meist reicht ein Wechsel zur nächsthöheren Gewichtsklasse aus.
3. Die Waage deutlich flacher einstellen.
4. Das Aufbauen den widrigen Verhältnissen anpassen.

Aufbauen bei starkem Wind

Wer den Drachen nicht in der Nähe im Windschatten aufbauen kann, sondern auf weiter Flur dem Wind ausgeliefert ist, der geht wie folgt vor:

188

1. Drachen mit der Nase gegen den Wind auf den Rücken legen, um die Querspreizen einzusetzen.

2. Den Drachen mit leichtem Druck eines Knies *hinter* der Nase auf den Boden drücken, damit es ihn nicht fortweht. Es darf also nicht auf die Drachennase oder gar auf einen Flügelstab Druck ausgeübt werden, da die Flügelstäbe sonst brechen können. Der kauernde Drachenpilot schützt so mit seinem Körper teilweise das Drachensegel vor dem Wind.

3. Die Querspreizen außen an den Flügelstabverbindern einsetzen.

4. Querspreizen in die Mittelstabmuffe einsetzen. Der gesamte Aufbau erfolgt also mit dem Drachen in umgekehrter Lage.

5. Nach der oberen Querspreize und eventuell vorhandenen Segellatten als letztes die Segelpositionierer einsetzen. Bei den meisten Dartmodellen werden diese aber bei viel Wind erst gar nicht benötigt, da das Drachensegel bereits am Boden seine aerodynamische Form annimmt. Wenn es also nicht konstruktionsbedingt sein muß, laß die Segelpositionierer in der Drachentüte, so gehen sie wenigstens nicht verloren.

6. Die Waage – ebenfalls in dieser Stellung – flacher einstellen – lieber ein bißchen zu flach als zuwenig verändert.

7. Nun muß der im schützenden Windschatten aufgebaute Drachen zu seinem Startplatz transportiert werden – bei starkem Wind eine ganz heikle Aufgabe! Alles hängt davon ab, in welcher Position du ihn dem Wind aussetzt. Faß ihn an der Nase oder der oberen Querspreize und halte den Drachen, mit der Nase voran, in den Wind. In dieser Position bietet der Drachen dem Wind die geringste Angriffsfläche – wie ein Wetterhahn! Der Pilot steht beim Aufbau,

Abbau bzw. beim Anleinen an die ausgelegten Lenkleinen und später beim Ableinen immer *vor* dem Drachen. Auf diese Weise kann am wenigsten passieren. Stellt sich der Pilot versehentlich dennoch mal *hinter* den Drachen, drückt der Wind das Drachensegel häufig senkrecht an den Piloten, und es knackt schon, bevor geflogen wurde.

8. Anleinen: Es erfolgt am leichtesten so, daß der Drachen mit der Nase gegen den Wind auf den Bauch gelegt wird. So drückt der Wind von oben auf die Rückseite des Drachensegels, und der Drachen kann nicht wegfliegen. Die Waageangriffspunkte werden seitlich unter den Flügelstäben herausgezogen und an die Leinen angehängt.

Der *Bodenanker* ist an solchen Tagen besonders gut und fest in den Boden zu schieben.

9. Drachen in Startposition bringen: Mit einer schnellen Kippbewegung wird der Drachen in Startposition gebracht. Der Neigungswinkel für den Start sollte extrem flach gewählt werden, um einen Alleinstart des Drachens zu verhindern und dem Wind eine möglichst geringe Angriffsfläche zu bieten.

Fliegen

Erst einmal sollte der Drachen seitlich an den Windfensterrand gesteuert werden. Taste dich langsam durch die Flugfiguren mehr und mehr an die Windfenstermitte heran. Zwischendurch empfiehlt es sich, zur Entspannung

Lenkdrachen bei **Starkwind** *in Startposition: Der Albatros mit einer Windel (Gazestreifen) als Bremse. Diese wird wie eine Verlängerung zwischen Waagezugpunkte und Flugleinen eingehängt. Extrem in Windrichtung geneigte Drachennase (30 Grad), um dem Wind eine möglichst geringe Angriffsfläche zu bieten.*

immer zum Windfensterrand zurückzukehren. Auf diese Weise bekommst du ein Gefühl für den Wind und wirst nicht gleich wehrlos über den Acker gezogen. Ist der Zug zu kräftig, kannst du versuchen, den Drachen noch flacher einzustellen, anderenfalls mußt du auf ein kleineres Modell ausweichen oder die Sache lieber aufgeben, bevor es ins Geld geht. Wenn du den Drachen halten kannst, gehe beim Durchfliegen der Windfenstermitte in die Hocke, und achte darauf, daß du nicht seitlich umkippst.

● Der Sicherheitsabstand vor dir muß mindestens doppelt so groß bemessen sein wie an Tagen mit 3 oder 4 Beaufort.

● Kommst du aus dem Gleichgewicht, laß dich nicht vom Drachen hinterherziehen, sondern trenne dich lieber sofort von den Lenkgriffen.

In der Regel passiert dabei weniger, es sei denn, der Drachen schwebt auf das offene Meer hinaus oder gar in eine Überlandleitung. Dann sind allerdings die Sicherheitsregeln nicht beachtet worden. Wenn die Flugfläche menschenleer ist, kann ruhig mal ausprobiert werden, wie der Drachen auf das Loslassen der Flugleinen reagiert. Damit bekommt man ein Gefühl, wie weit der Drachen noch wie ein loses Blatt im Wind segelt, bevor er zu Boden flattert. Das ist ähnlich dem Sicherheitstraining bei Autoclubs und beruhigt die Nerven ungemein.

Junge Blüten des Lenkdrachenfliegens

Lenkdrachenfliegen hat viele Gesichter. In den 90er Jahren haben sich neue Richtungen des Lenkdrachenfliegens herausgebildet, die von der Kreativität des Lenkdrachenfliegens zeugen. Neben dem Hobby klassisches Lenkdrachenfliegen, dem Wettkampfsport und dem Teamfliegen, neben Powerkiting und Leichtwind sind sehr jung das Indoor- und das Streetkiting.

Streetkiting

Beim Streetkiting geht es darum, auf kleinen Plätzen, in Parks oder Grünanlagen, auf dem verkehrsfreien Rathausplatz, dem gerade ungenutzten Fußballfeld allein oder mit anderen Drachen zu fliegen, ohne dazu eine halbe Weltreise zum Stadtrand antreten zu müssen. Für jede der Sparten werden durch die äußeren Gegebenheiten spezielle Eigenschaften von den Zweileinern verlangt.

• Geringerer Platz als auf der Lenkdrachenwiese bedeutet: **kürzere Leinen**. So werden je nach städtischen Gegebenheiten zwischen 8- und 20-Meter-Leinen geflogen. Beachte: Je kürzer die Leinenlänge, desto kleiner das Windfenster. Daraus resultiert, daß die Lenkmanöver schneller ausgeführt werden müssen und deshalb entsprechendes Können des Piloten vorausgesetzt wird.

• Der eingeschränkte Flugraum fordert **wendige** und **lenksensible Drachen**. Hier werden kleinere Spannweiten,

Junge Blüten des Lenkdrachenfliegens

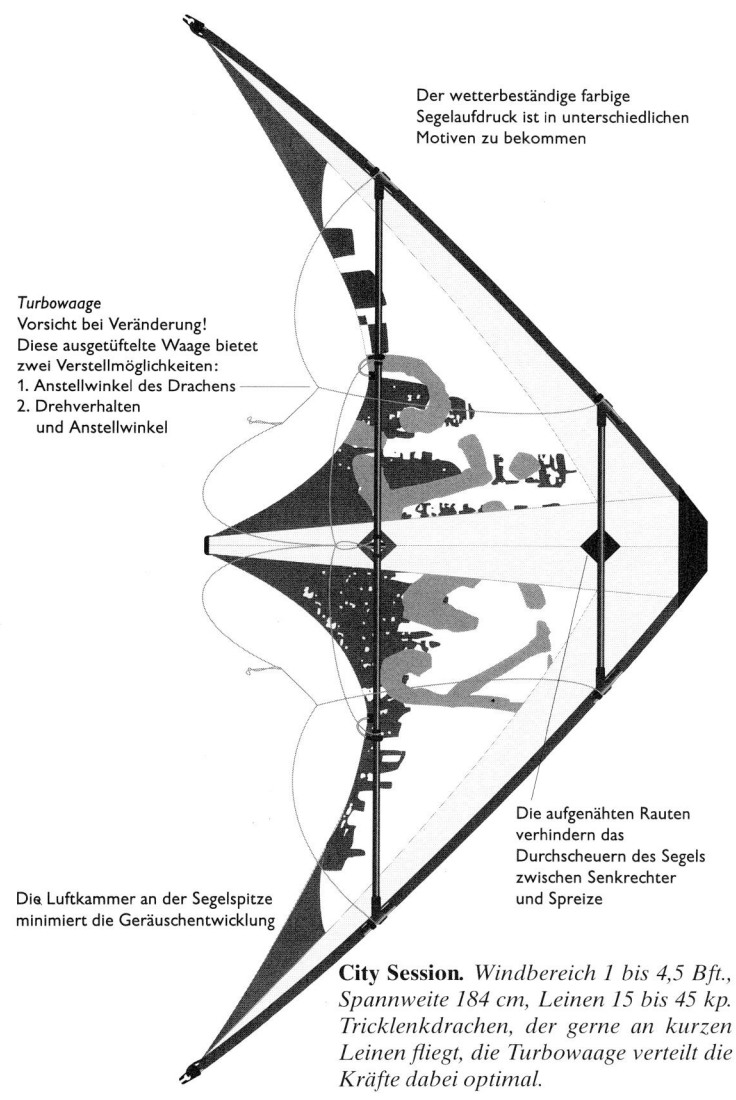

Der wetterbeständige farbige Segelaufdruck ist in unterschiedlichen Motiven zu bekommen

Turbowaage
Vorsicht bei Veränderung!
Diese ausgetüftelte Waage bietet zwei Verstellmöglichkeiten:
1. Anstellwinkel des Drachens
2. Drehverhalten und Anstellwinkel

Die aufgenähten Rauten verhindern das Durchscheuern des Segels zwischen Senkrechter und Spreize

Die Luftkammer an der Segelspitze minimiert die Geräuschentwicklung

City Session. *Windbereich 1 bis 4,5 Bft., Spannweite 184 cm, Leinen 15 bis 45 kp. Tricklenkdrachen, der gerne an kurzen Leinen fliegt, die Turbowaage verteilt die Kräfte dabei optimal.*

194

bis 180 cm, wie beim klassischen Lenkdrachenflug bevorzugt.

• Auf vom Platzangebot her geeigneten Flächen herrscht allerdings oft weniger Wind. Hinzu kommt, daß der Wind durch Gebäude, Baumreihen usw. unstetig ist. Der Boden ist hart, wenn nicht gar gepflastert. Deshalb muß der Drachen eine **stabilere Bauweise** aufweisen: Besonders geschützte Nase, flexiblere Stäbe und elastische Verbinder sind hier als Kriterium zu nennen. Andererseits muß der Drachen auch **leichter** konstruiert sein, was keinen Widerspruch zum vorher Gesagten bedeutet, um die Windlöcher auszugleichen und nicht ständig ein Flugmanöver abbrechen zu müssen.

Damit der Spaß in der Stadt nicht zu kurz kommt, wird den **Trickflugeigenschaften** des Modells mehr Bedeutung beigemessen. Typische Vertreter sind der Vento (Spw. 165 cm) und der auf Seite 194 gezeigte City Session, beide Modelle kommen übrigens von HQ Kites aus Oldenburg. Auch Allrounddrachen, wie der Session 1.1, lassen sich als Streetkites einsetzen. Könner fliegen bei wenig Wind auch ihre Indoormodelle, allerdings dürfen dann keine Abstürze mehr passieren.

Anforderungen an den Streetkite-Piloten

• Streetkiting ist nichts für absolute Anfänger! Vielmehr ist diese junge Sportart den ambitionierten Fortgeschrittenen und Profis vorbehalten.

• Sicheres und rutschfestes Schuhwerk vorausgesetzt, muß der Pilot geübt im Rückwärtslaufen sein, um die Windlöcher mit Eigenbewegung auszugleichen. Eine gute Kondition ist bei plötzlichem Windverlust eine wichtige Voraussetzung.

195

• Spontanere Lenkaktionen als bei den Kollegen am menschenleeren Strand sind gefordert. Streetkiter sind, wie Tänzer, ständig in Bewegung und betreiben so zusätzliches Fitneßtraining.

• Der siebte Sinn für Unvorhergesehenes muß besonders geschärft sein. Plötzlich rennt ein Hund dem Drachen nach, oder der Pilot läuft rückwärts, ohne zu merken, daß er in eine Gruppe zuschauender Passanten hineinläuft. Hier wird wesentlich mehr Aufmerksamkeit für die Umgebung erwartet als auf dem freien Feld. Der immer wieder kontrollierende Blick über die Schulter, das Rechnen mit der unerwarteten Situation und das Wissen »Wohin mit dem Drachen« in derartigen Situationen sind Voraussetzung. Unabdingbar sind auch Starterfahrung und vor allem das Können, um spontane und dabei sichere Landungen zu meistern.

All das Gesagte setzt Erfahrung, vor allem Flugerfahrung, und damit auch die Kenntnis des jeweiligen Drachenmodells voraus, um den wesentlich höheren Sicherheitsaspekten Rechnung zu tragen.

Der **Spaß am Streetkiting** kommt mit den speziellen Modellen, die sich durch ihre **Trickflugeigenschaften** auszeichnen. **Merkmale** hierfür können sein:

1. **Ausgestellte Flügelecken:** Hierdurch lassen sich sehr leicht alle Arten von Stalls durchführen. Das sind Manöver, bei denen abrupt in eine stabile Position geflogen wird, in der der Drachen wie angenagelt verharrt – Voraussetzung für eine Menge von Tricks. Wer hier Unterstützung sucht, sollte sich nach der Trick Flight School von Todd Cross und seinen Lernvideos erkundigen.

2. **Wählbare Positionen der Segelpositionierer:** Sie ermöglichen Profilumbau des Drachensegels, um entweder mehr

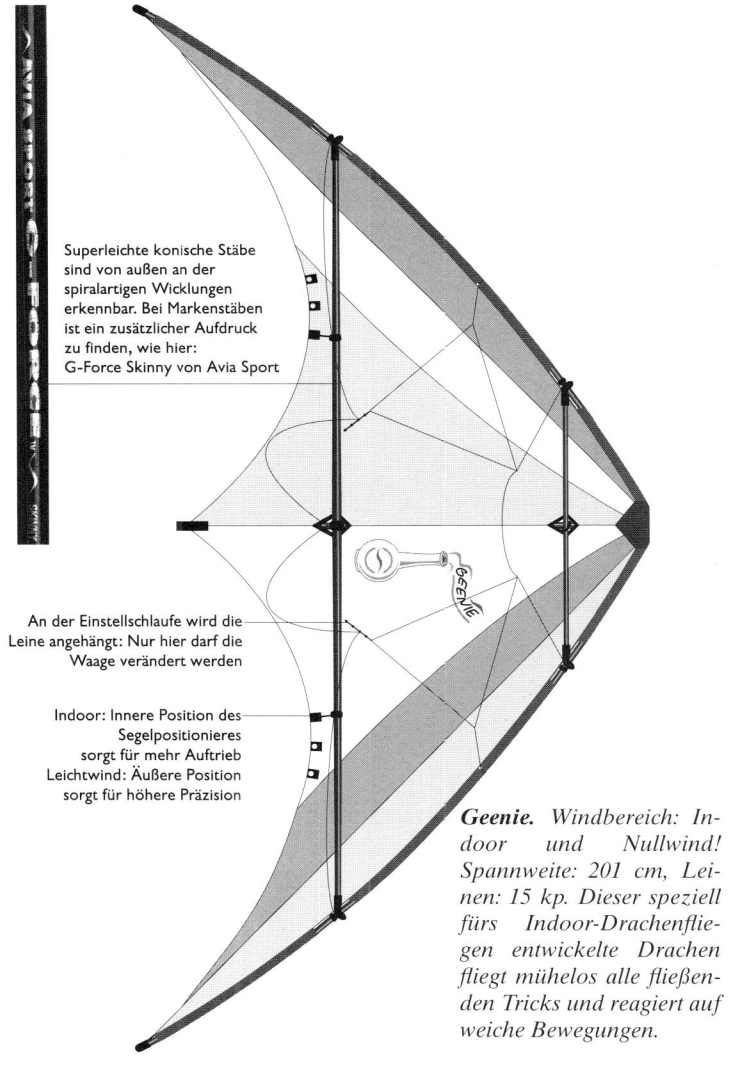

Superleichte konische Stäbe sind von außen an der spiralartigen Wicklungen erkennbar. Bei Markenstäben ist ein zusätzlicher Aufdruck zu finden, wie hier: G-Force Skinny von Avia Sport

An der Einstellschlaufe wird die Leine angehängt: Nur hier darf die Waage verändert werden

Indoor: Innere Position des Segelpositionieres sorgt für mehr Auftrieb
Leichtwind: Äußere Position sorgt für höhere Präzision

Geenie. *Windbereich: Indoor und Nullwind! Spannweite: 201 cm, Leinen: 15 kp. Dieser speziell fürs Indoor-Drachenfliegen entwickelte Drachen fliegt mühelos alle fließenden Tricks und reagiert auf weiche Bewegungen.*

der Stabilität oder den Trickflugeigenschaften Gewicht zu verleihen. Ohne die Segelkante zu durchlöchern, können über Tests alternative Positionen, Längen und Steifigkeit der eingesetzten Stäbe gefunden werden. Diese können mit geringem Aufwand am eigenen Modell nachgerüstet werden.

3. **Bowline:** Die Bowline soll ein Hängenbleiben der Flugleinen an den Segelpositionierern und Flügelstäben verhindern. Sie läuft von der Flügelspitze über die Senkrechte zur gegenüberliegenden Flügelspitze und kann bei den meisten Modellen vom Piloten nachgerüstet werden.

4. **Turbowaage:** Diese Waagekonstruktionen verteilen die Kräfte im Drachensegel besser und nutzen die Profilierung stärker aus, so daß weniger Lenkbewegung und Kraftaufwand nötig sind, um den Drachen in die gewünschte Ausgangslage für einen Trick zu bringen. Ähnlich der Bowline läßt sich eine Turbowaage aber auch für das eigene Drachenmodell entwerfen und nachrüsten.

Ein Drachen muß nicht all diese Eigenschaften aufweisen, um trickflugtauglich zu sein, er kann auch zur Trickflugtauglichkeit umgerüstet werden.

Indoor-Kiting

Eine andere junge Blüte ist das Indoor-Kiting. Praktiziert wird es in großen Räumen mit ebenem Boden, wie Turn-, Tennis-, Messehallen oder Veranstaltungssälen. Indoor-Kiting erfreut sich besonders in kalter Jahreszeit und an windlosen Tagen bei Lenkdrachenfreaks zunehmender Beliebtheit. Zum einen, um nicht aus der Übung zu kommen, und zum anderen, um mal etwas anderes zu probieren. Außerdem fördert das Indoor-Kiting ungemein das

Kennenlernen des eigenen Drachenmodells, das Erlernen von allgemeinen Techniken in fast windlosen Situationen. Für die **Auswahl** der Modelle gilt hier vieles, was über die Streetkites geschrieben wurde, hinzu kommt die Indoortauglichkeit.

Weitere Anforderungen an das Flugequipment:

• *Superleichte Bauweise* des Drachens – sie drückt sich aus im verwendeten Gestänge und Segeltuch, was sich leider auch im Preis und in der Stabilität niederschlägt. Indoortaugliche Miniaturmodelle können als preiswerte Alternative herangezogen werden.

• *Leichte und noch kürzere Leinen.* Die maximale Leinenlänge wird durch die Hallenhöhe vorgegeben und errechnet sich wie folgt: Hallenhöhe minus Pilotengröße plus Drachentiefe inklusive Waage. Sie beträgt oft nicht mehr als sechs Meter.

Der Pilot muß beim Indoor-Kiting durch seine Eigenbewegung selbst die Luftströmung und damit den Druck im Drachensegel erzeugen. Indoor-Kiting erfordert viel Laufen, ähnlich Jogging, allerdings in der trockenen Halle, dafür aber mit einem Sportgerät, das Spaß macht.

Für den Spaß sorgen, neben dem Erlernen von Trickflugmanövern, das Parcoursfliegen und das Aufstellen selbst gesteckter Rekorde:

• Als Einstieg in den Trickflug kann hier das Erlernen solider Groundworktechniken dienen. Dabei geht es darum, den Drachen in jeder erdenklichen Lage vom Boden in die darüberliegende Windstille zu bringen. Ungemein übt es, sich selbst aufzuerlegen, den Drachen nach dem Aufbau nicht mehr anzufassen. Zugestanden wird lediglich ein Spaziergang rund um den Drachen.

• Der nächste Schritt ist, die unterschiedlichen Startposi-

tionen aneinanderzureihen, z. B. aus der klassischen Startposition in die Flügellage zu gehen und dann in die Bauch-
lage und wieder zurück. Das Halten des Drachens in der
Luft ist am einfachsten mit dem 360er zu erlernen, wobei es
weniger darauf ankommt, den Drachen von sich wegzu-
schleudern, als vielmehr das Augenmerk darauf zu richten,
den Drachen – bei möglichst geringem Energieaufwand –
in der Luft zu halten. Hat der Pilot seinen persönlichen Re-
kord im Fliegen von 360ern aufgestellt, können Übungen
wie »Immer an der Wand lang«, also parallel zum Drachen
gehen, und Fly-a-way, der klassischen »Landgewin-
nen«-Aktion Platz machen. Bei letztgenannter Aktion
wird mit geringstem Energieeinsatz der Drachen, soweit
die Hallendecke es erlaubt, nach oben geflogen, dann der
Drachen um 180 Grad gedreht und, sowie die Nase gen Boden weist, nach vorn gelaufen, ohne die Kontrolle über den
Drachen zu verlieren. Kurz vor dem Boden wird der Drachen wieder umgedreht, und das Spiel beginnt von neuem,
bis das Hallenende erreicht ist und die Richtungsänderung
Abwechslung ins Spiel bringt.
Ist das Gefühl für das Fliegen mit geringem Aufwand in
Fleisch und Blut übergegangen, werden wie beim Ver-
kehrstraining Hütchen aufgestellt, die umlaufen werden
müssen. Natürlich mit dem Drachen in der Luft. Hindernisse, die über- oder unterflogen werden müssen, können
zusätzlichen Anreiz schaffen. So lassen sich eine Fülle von
Aktionen überlegen, die mit Mitkämpfern sicherlich noch
mehr Spaß machen. In einigen Städten finden sogar schon
Indoor-Meisterschaften statt, hier lohnt sich ein Besuch,
um Gleichgesinnte zu treffen und neue Impulse zu erhalten.

200

Matten

Bei den im Volksmund gern als »Matten« bezeichneten Drachentypen handelt es sich, einfach ausgedrückt, um sehr leichte Hohlkörper, die dank ihrer aerodynamischen Form flugfähig sind.

Matten haben oben eine Decke, eine ganze Reihe von eingearbeiteten Kammertrennwänden (»Profilen«) und unten einen Boden. Die Profile ähneln dem Querschnitt durch einen Flugzeugflügel: von vorn nach hinten abnehmend – oben konvex und unten gerade oder leicht konkav.

Die Matten erhalten ihre Flugzeugflügelform erst beim Fliegen, und zwar durch die Luft, die an der Vorderkante eintritt: Die Luft staut sich in den einzelnen Kammern des Flügels und füllt den Raum zwischen Boden und Decke. Der so erzeugte Überdruck in den Kammern bläst die Matte auf. Die eingenähten »Profile« geben den einzelnen Kammern und damit dem gesamten Flügel die aerodynamische Form.

Eine Besonderheit der Matten ist, daß sie – bis auf die Flexifoils – stablos sind. Der Flexifoil ist auch insofern eine ganz besondere »Matte«, als er gänzlich ohne Waage auskommt. Dennoch fliegt er, und das sehr schnell. Die Stabilisierung, normalerweise Aufgabe der Drachenwaage, wird vom Profil übernommen. Die Flugleinen werden an den äußeren, dünnen Enden eines konischen Stabes angeknüpft, der in die Vorderkante des Flügels eingeschoben wird.

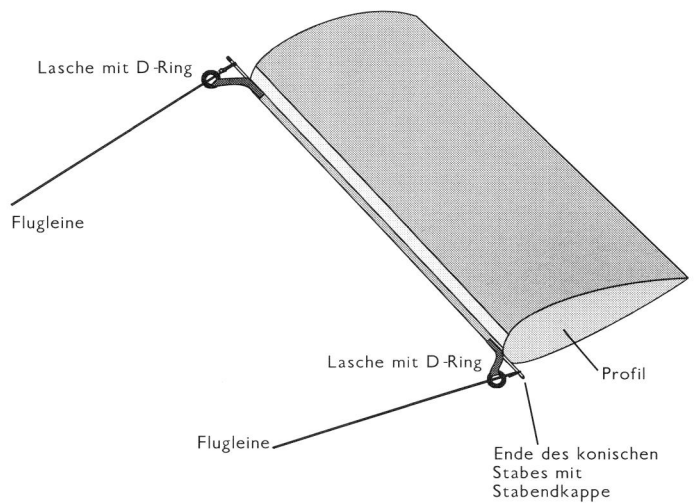

Aufbau einer **Flexifoil** *(schematische Darstellung)*

Der Stab, der in einen Tunnel an der Vorderkante des Flügels eingeschoben wird, verhindert, daß die Matte beim Fliegen zusammenklappt. Er besteht wegen des kürzeren Transportmaßes aus wenigstens zwei Teilen, die mit einer Muffe zusammengesteckt werden. Der dickste Teil des Stabes sitzt in der Mitte der Vorderkante, da dort beim Flug der größte Druck auftritt.

Die **Lenkleinen** werden an den äußeren Enden des Stabes mittels einer Zuzieh-Schlaufe (Ringstek) angebracht.

Damit sich beim Fliegen die Zellen nicht auf der Mitte des Stabes zusammenschieben, werden die Enden der Drachendecke auf die Flugleine fixiert. Hierzu sind Laschen mit D-Ringen an den Enden der Vorderkante angenäht.

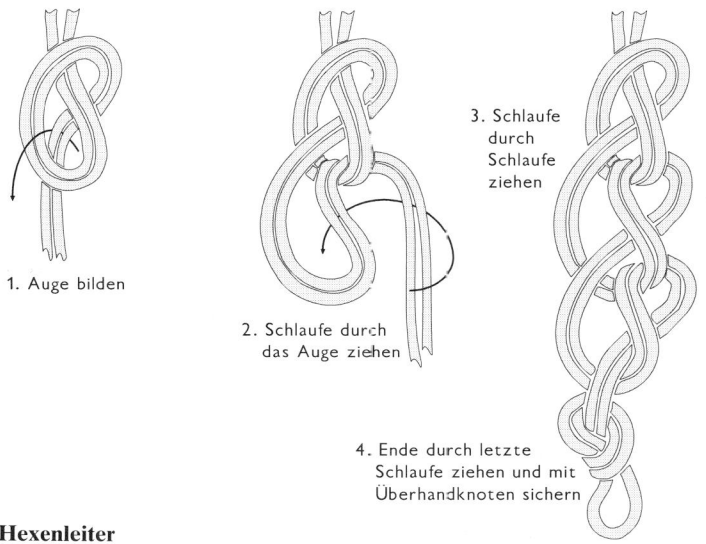

1. Auge bilden

2. Schlaufe durch das Auge ziehen

3. Schlaufe durch Schlaufe ziehen

4. Ende durch letzte Schlaufe ziehen und mit Überhandknoten sichern

Hexenleiter

Die aerodynamische Form **stabloser Matten** wird durch die Einstellung der vielen Waageschenkel vorgegeben. Wehe die Waageschenkel verheddern sich, dann ist die Form der Matte dahin. Deshalb ist sorgsamer **Umgang mit den Waagen stabloser Matten** erforderlich.

Vor dem **Zusammenlegen** sind die Schenkel einer Waage mit Hexenleitern zusammenzufassen.

Das **Knüpfen einer Hexenleiter** ist eine Methode, um das Verheddern von Leinen untereinander zu verhindern. Der Zugpunkt einer Waage wird in einer Hand festgehalten. Vom Zugpunkt aus werden alle Schenkel durch die Faust der anderen Hand in Richtung Drachendecke gezogen, so daß alle Schenkel parallel zueinanderliegen. So dicht an der Decke wie möglich wird eine Schlaufe in das Bündel aller zusammengefaßten Schenkel gelegt. Von hier aus knüpft man die Leiter in Richtung Zugpunkt. Damit sich die Leiter nicht ungewollt öffnet, wird das kurze Ende des Schenkelbündels durch die letzte Schlaufe gezogen. Mit den Schenkeln der anderen Waage verfährt man entsprechend. Das **Öffnen der Hexenleiter** geschieht in umgekehrter Reihenfolge.

Die Matte sollte danach so zusammengefaltet oder gerollt werden, daß die Hexenleitern sich nicht mit den Schenkeln der Waage verheddern.

Nach dem **Auffalten der Matte**, noch vor dem Öffnen der Leitern, prüft man, ob sich die Leitern nicht mit den Schenkeln an der Matte verheddert haben. Erst wenn die Leitern frei sind, werden sie geöffnet. Der Zugpunkt mit allen gestreckten Schenkeln wird vom Drachen weggezogen und an die Flugleine geknüpft. Danach wird die andere Leiter in gleicher Weise geöffnet und an die zweite Flugleine geknüpft.

Nach dem **Anhängen der Waage** wird die Matte ausgeschüttelt, so daß alle Kammern mit Luft gefüllt werden. Am besten die Matte auf den Rücken (= »Decke«) legen,

Sigma M *(oben). Windbereich: 2 bis 6 Bft., Spannweite: 280 cm, Leine: 120 kp. Als Zugdrachen werden stablose Hochleistungsdrachen in den letzten Jahren immer beliebter. Das sehr geringe Gewicht und Packmaß machen diese Matten zum idealen Reisedrachen.*
Sigma K *(unten). Windbereich: 1,5 bis 7 Bft., Spannweite: 180 cm, Leine: 70 kp. Beide Modelle sind dank ihrer Spannweite auch von Anfägern beherrschbar. Größere stablose Lenkdrachen sollten erst bei ausreichender Flugerfahrung ins Auge gefaßt werden.*

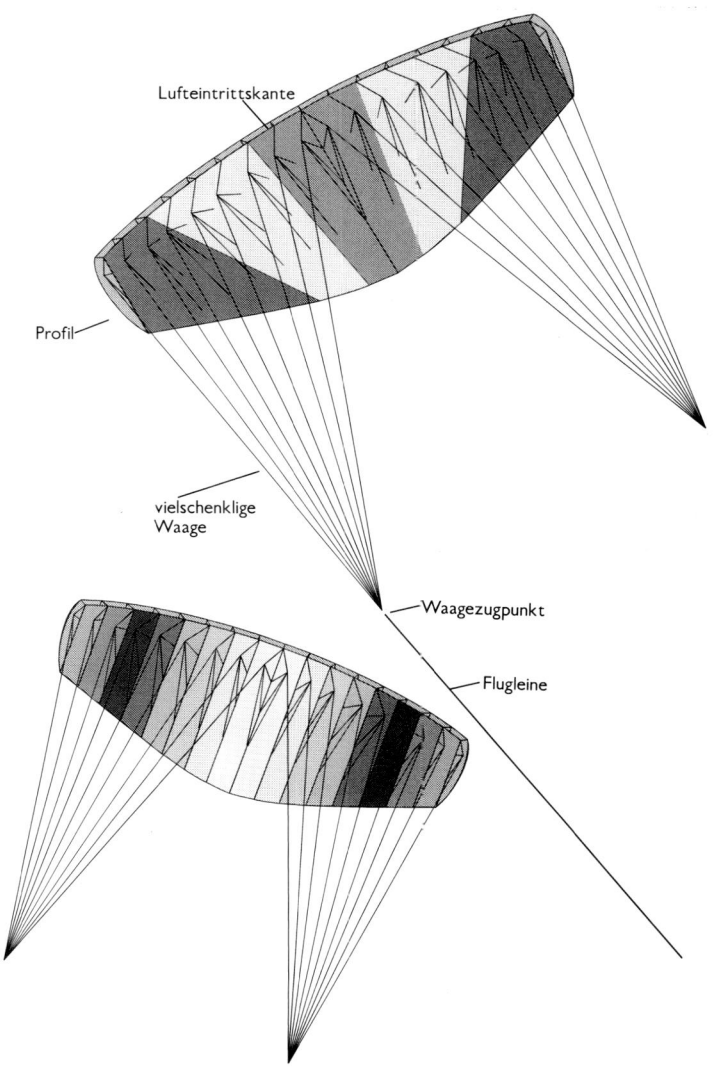

an den beiden Zugpunkten greifen und von vorn über den Kopf die Arme bewegen, so daß Luft in die gefalteten Kammern strömen kann. Die Kammern in der Mattenmitte öffnen sich sehr leicht, die äußeren Kammern hingegen viel schwerer. Das hängt damit zusammen, daß die mittleren Kammeröffnungen in den Wind gezogen werden, während die an den Rändern durch die Krümmung der Matte lediglich schräg in den Wind gezogen werden. Zusätzlich haben viele Matten in den Innenprofilen kreisrunde Löcher, die bei höherem Druck in einer Zelle die Nachbarzellen mit Luft versorgen. Da die Zellen an den Rändern nur eine Nachbarzelle haben, füllen sie sich etwas langsamer mit Luft.

Starten und Landen von stablosen Matten

Leicht zu **starten** sind Matten **mit einem Helfer**. Dieser steht hinter der Matte, die Kammeröffnungen weisen zum Piloten. Bei kleinen Matten werden die Zellen mit den Händen an den Ecken der Vorderkante auseinandergezogen. So kann die Luft in alle Kammern strömen (weitere Informationen s. »Starten mit Helfer« – S. 140). Bei Matten mit größerer Spannweite hält ein Helfer an der Hinterkante in steilem (!) Winkel fest und läßt auf Kommando los.

Zum **Landen** wird die Matte links oder rechts aus dem Windfenster geflogen. An einer der beiden Flugleinen zieht man extrem, bis die Vorderkante quer zur Windrichtung steht. Der Wind bläst nun *seitlich* auf die Matte und drückt die Luft aus den Kammern, so daß die Matte nicht ungewollt starten kann.

Eine andere Methode ist, die Matte kurz vor der Landung mit einem Looping auf der Decke zu landen, so daß der Boden der Matte oben liegt. Aus dieser Position kann die Matte, ohne sich umzudrehen, nicht wieder starten.

Starten von stablosen Matten ohne Helfer

An einem Sandstrand wird die Matte auf die Decke gelegt, so daß die Kammern in Windrichtung weisen. Die Ecken der geschlossenen Seite werden mit Sand beschwert. Bei breiten Matten werden mehrere Sandhaufen auf die hintere Kante gelegt. Die Waageschenkel liegen gestreckt über den Mattenboden in Richtung Pilot. Der Pilot zieht nun langsam die Vorderkante über den Mattenboden, so daß Luft in die Kammer strömen kann. Dann wird mit einem beidseitigen Ruck die Matte in die Luft gezogen.

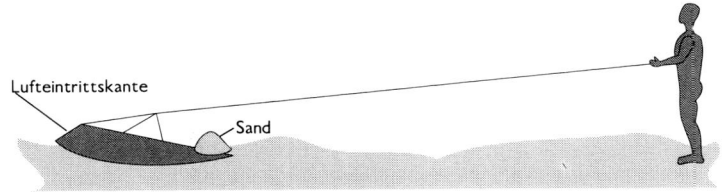

Lufteintrittskante

Sand

Starten von Matten

1. Die Matte mit den Kammeröffnungen in Windrichtung auslegen.
Die Hinterkante wird dabei quer zur Windrichtung ausgebreitet und mit
ein paar kleinen Sandhaufen beschwert.
2. Die Waageschenkel werden über dem Mattenboden an die Lenkleinen
geknüpft.
3. Die Griffe werden aufgenommen und langsam angezogen, so daß die
Lufteintrittskante über den Boden in Richtung Pilot gezogen wird.
4. Nachdem die Matte halb mit Luft gefüllt ist, wird wie bei einem Solostart
mit einem kräftigen Ruck beider Arme der stablose Drachen gestartet.

Sollten sich nicht alle Kammern gleichmäßig geöffnet haben, kann durch schnelle Hin- und Herbewegungen der
Hände die Matte über die Leinen aufgeschüttelt werden.

Starten und Landen von Flexifoils

Starten

Zunächst müssen die Kammern mit Luft gefüllt werden.
Der konische Stab in der Vorderkante der Flexifoil muß
gebogen sein, bevor der Drachen sich steuern läßt. Ziehe
vorsichtig die Folie auf dich zu, so daß sie bedächtig vom
Boden abhebt. Als Anfänger kannst du zusätzlich ein paar
Schritte zurückgehen. Mit dem anströmenden Wind an der
Ober- und Unterseite der Folie stellt sich diese durch ihre

Profilform von selbst richtig in den Wind. Die Spitzen des Stabes biegen sich nach unten, und der Drachen wird steuerbar.

Achtung – Schütteln, wie bei den stablosen Matten, ist zu vermeiden, weil sich der Stab sonst in die verkehrte Richtung biegt.

Der Flexifoil fliegt in die Richtung der Biegung des Stabes.

Flugverhalten

Der Kurvenradius ist größer als bei delta- und dartförmigen Lenkdrachen, deshalb sind die Steuerbewegungen kräftiger auszuführen. Werden die Flugleinen entspannt – indem die Hände auf den Drachen zubewegt werden bzw. der Pilot auf den Drachen zugeht –, entspannt sich der gebogene Stab. Der Drachen liegt ohne Kraft und Geschwindigkeit in der Luft. Beidseitiges, gleichmäßiges Ziehen biegt den Stab erneut, und der Drachen fliegt weiter.

Landen

Die Flexifoil wird am Windfensterrand gelandet und so gedreht, daß der Wind seitlich auf die Matte drückt. Dazu wird die Lenkleine, die dem Rand näher kommt, nach der Landung langsam zum Piloten gezogen. Andernfalls startet die Flexi wieder, und das schneller, als man annimmt. Die Flexi ist nach der Landung mit einem Häring durch einen der beiden D-Ringe zu sichern. Der konische Stab liegt vom Häring aus in Windrichtung. Die Matte kann auch mit Sandhaufen beschwert werden, damit sie nicht erneut startet.

Was machen, wenn . . .

. . . der Drachen nicht fliegen will

Wenn der Drachen nicht fliegen will, kann das verschiedene Ursachen haben. Durch Abfragen einer Checkliste kannst du zur tatsächlichen Ursache vordringen.

1. Weht ausreichend kräftiger Wind? Dabei müßte hinzugefügt werden: ausreichend für das betreffende Drachenmodell. Ist das Modell zu klein und schwer, bliebe nur, das Gestänge durch ein leichteres zu ersetzen. Das Gewicht der Verbinder, der Waageschenkel und der Flugleinen wäre ebenfalls zu überprüfen.

2. Stimmt die Waage? Ist der Drachen richtig aufgebaut, liegt es mit an Sicherheit grenzender Wahrscheinlichkeit an der Waage. Hierfür lies im entsprechenden Abschnitt nach. Eventuell mußt du die Waage durch eine vollständig neue Konstruktion ersetzen. Alle zusätzlichen Schenkel, die nicht unmittelbar den Anstellwinkel betreffen, sind zunächst zu lockern. Fliegt der Drachen danach besser, waren die zusätzlichen Schenkel zu kurz eingestellt und haben die Waageeinstellung im Flug verfälscht.

3. Stimmt die Länge der Querspreizen? Die Querspreizen können zu lang oder zu kurz sein. Sind sie zu lang, sieht man, daß zuwenig Bauch im Drachensegel ist. Auch das

210

Flugverhalten des Drachens ist charakteristisch: Er hat
einen kleinen Aktionsradius und neigt dazu, an den Wind-
fensterrändern mit einem Flattersturz zu Boden zu stürzen.
In einem solchen Fall werden die unteren Querspreizen
½-cm-weise beidseitig gekürzt. Nach dem erneuten Einsetzen wird die obere Querspreize entsprechend angepaßt.
Ein Flugversuch muß dann Aufschluß darüber geben, ob
die Kürzung ausreichend war. Grundsätzlich sollten die
Spreizen vorsichtig und lieber durch mehrere Versuche un-
terbrochen gekürzt werden, als daß zuviel abgeschnitten
wird.
Sind die Spreizen zu kurz, können nur zwei passende unge-
kürzte Stäbe erworben werden. Die richtige Länge kann
dann durch vorsichtiges Kürzen ermittelt werden.

Tip: Eine der beiden alten Querspreizen wird zu einer neuen oberen Querspreize umfunktioniert, und zwar folgendermaßen: Bei aufgebautem Drachen mit eingesetzten unteren Querspreizen wird durch Anhalten an die oberen Verbinder die richtige obere Querspreizenlänge ermittelt.

Die Spreize soll genau passen oder in Ausnahmefällen leicht länger sein, wodurch die Flügelstäbe eine leichte Biegung erfahren.

4. Sind die Gerüststäbe stabil genug? Falls nicht, werden sie beim Fliegen für das Auge wahrnehmbar verwunden. Dann müssen stärkere Stäbe oder Stangen aus einem steiferen Material eingesetzt werden.

... der Drachen nicht richtig dreht

Haben die äußeren Waageschenkel die richtige Länge? Es kann sein, daß sie im Verhältnis zum oberen und unteren Waageschenkel entweder zu kurz oder zu lang sind.

Zu lang sind sie, wenn der Drachen nur schwerfällig und zu große Kreise dreht. In diesem Fall werden die äußeren Schenkel vom Waagezugpunkt gelöst und dann einmal um die äußeren Flügelstäbe gewickelt. Dabei ist das Ende durch die Schlaufe zu ziehen, damit sich die Wicklung unter Zug nicht in Wohlgefallen auflöst. Der Anstellwinkel ist nach dieser provisorischen Verkürzung neu einzustellen. Wird nach einem Flugtest das Drehverhalten als besser empfunden, aber immer noch nicht als optimal, ist ein weiterer Turn um die Flügelstäbe zu legen.

Zu kurz sind die äußeren Waageschenkel, wenn das Drehverhalten extrem ist und der Drachen sehr stark nachdreht.
In diesem Fall ist es zu verlängern. Um die richtige Länge
zu ermitteln, können zunächst kurze Verlängerungen an
den Verbindern der unteren Querspreize angeknüpft werden. Hierzu wird für jede Drachenseite ein 30 cm langes
Schnurstück doppelt genommen und an den gleich gehaltenen offenen Enden mit einem Überhandknoten gesichert.
Danach werden im Abstand von 1,5 cm weitere Überhandknoten in die Verlängerungsschnur geknüpft. Die verblei-

bende Schlaufe muß noch um die Kreuzung aus Flügelstab und Querspreizenverbinder passen. Die äußeren Waageschenkel werden mit einem Ringstek hinter dem ersten Überhandknoten zugezogen. Der Anstellwinkel muß nach dieser Verlängerung neu eingestellt werden, da der Drachen nun zu steil steht. Durch einen Testflug wird ermittelt, ob die längste Einstellung den gewünschten Erfolg gebracht hat, falls nicht, ist nun der Ringstek zu öffnen und hinter den nächsten Überhandknoten zu verschieben. Ist die optimale Einstellung gefunden, werden zwei neue äußere Waageschenkel gefertigt und montiert.

. . . die Flügelspitzen zittern

1. Die Belastung im unteren Flügelbereich auf diesen Stangen ist zu groß. Dem kann entgegengewirkt werden, indem in die unteren Flügelstäbe passende Stäbe als Verstärkungen eingesetzt werden, sofern es sich um Hohlstäbe handelt. Am besten einen Stab in das nächste Drachengeschäft zum Ausprobieren mitnehmen, damit der optimale Stab gefunden werden kann. Die unteren Flügelstäbe können ebenso durch Vollstäbe ersetzt werden, wenn diese Materialstärke verfügbar ist.

2. Die Waage ist für die hohen Windgeschwindigkeiten zu steil eingestellt. Durch eine flachere Einstellung läßt sich dieses Problem lösen (s. Waageeinstellungen).

3. Eine Saumspannschnur ist zu straff gespannt. Zunächst ist die Spannung ganz zu lösen und in einem Testflug zu überprüfen, ob die Flügelstäbe immer noch so stark zittern.

Danach ist die Spannschnur wieder einzuhängen und der Zug der Spannung in kleinen Schritten zu erhöhen, bis der Drachen lautlos fliegt.

... der Drachen sehr laut brummt

1. Der Drachen hat eine Saumspannschnur, die zu locker eingestellt ist. Ungleichmäßige Spannung äußert sich bei enggeflogenen Loopings dergestalt, daß die eine Hälfte lauter geflogen wird als die andere. In diesem Fall ist auf der »lauteren« Seite die Spannung vorsichtig zu erhöhen.

2. Der Drachen hat keine Saumspannschnur, aber die Waage ist zu flach eingestellt. Meistens sind die Waagezugpunkte zu nahe am Drachen, deshalb sollten längere Waageschenkel montiert werden. Faustregel: Der Zugpunkt sollte eine Querspreizenlänge vom Segel entfernt sein. Dadurch läßt sich außerdem feiner ein Kompromiß zwischen Anstellwinkel und Brummgeräusch finden. Doch aufgepaßt: Manche Drachen (Spinn-Off) sind immer laut!

... die Flugleinen sich häufig am Drachen verheddern

Bleiben bei Landungen die Flugleinen gern an den Gestängestäben und Segelpositionierern hängen, kann mit einer zusätzlichen Schnur Abhilfe geschaffen werden. Diese wird von Flügelstab zu Flügelstab oder abhängig von der Konstruktion über den Mittelstab bei aufgebautem Drachen gespannt.

. . . ein anderer Drachen dir in die Leine fliegt (oder du ihm)

Sorge dafür, daß die Spannung auf den Leinen so schnell wie möglich gleich Null wird. Renne also sofort auf den Drachen zu und nimm so die Spannung aus den Leinen, wobei parallel dazu der Drachen zu landen ist.

. . . eine Leine reißt

Nach einem Leinenriß ist der Drachen nicht mehr steuerbar. Er dreht sehr schnell um die noch intakte Leine und verdreht sich in dieser mit den Resten der gerissenen Leine. Das beste ist, so schnell wie möglich den Winddruck aus dem Drachen zu nehmen, indem auf ihn zugerannt wird, bis dieser zu Boden sinkt. Bei hohen Windstärken ist es besser, sich sofort von den Steuergriffen zu trennen, das nimmt jeglichen Druck aus dem Segel. Der Drachen wird einige Meter in Windrichtung getragen und sinkt zu Boden. Die defekte Leine kann nur durch Spleißen repariert werden. Oder, und zwar, wenn die Leine durch den **Abriß** nicht wesentlich verkürzt ist, man kürzt auch die andere Leine, so daß sie nun ebenfalls das Maß der defekten Leine hat. Da beim Spleißen die so reparierte Leine ein Stück ihrer ursprünglichen Länge einbüßt, muß in jedem Fall die unversehrte Leine gekürzt werden, damit wir wieder ein Paar gleich langer Leinen erhalten.

Das Knoten hingegen ist für das Reparieren einer gerissenen Leine völlig ungeeignet.

216

... Stangen brechen

Eine gebrochene Stange ist durch eine neue zu ersetzen. Der Schaden, der entsteht, wenn mit einer gebrochenen Stange weitergeflogen wird, ist größer als der Gram über das wegen der Reparatur verkürzte Flugvergnügen. Gebrochene Stangen splittern weiter und verletzen das Drachensegel. Von Flugvergnügen kann sowieso keine Rede mehr sein.

Wer oft zum Drachenfliegen geht, sollte sich immer zwei Ersatzstangen pro Drachen mitnehmen. Bei Bruch wird sofort repariert.

Läßt sich partout keine passende Stange auftreiben, kann die defekte Stange gegen eine andere an weniger belasteter Stelle getauscht werden.

Die unteren *Querspreizen* und der *Mittelstab* müssen immer intakt sein! Weniger belastet sind bei den *Flügelstäben* die Enden, so daß eine an einem Ende angebrochene Stange mit einigen Wicklungen Klebeband zunächst notdürftig repariert werden kann. Durch diese Notreparatur wird vermieden, daß die Stange weiter aufsplittert und das Drachensegel verletzt. Das umwickelte Ende ist am besten in die Spitze als oberes Ende einer der Flügelstäbe einzusetzen – alternativ an die Flügelspitze.

Ist die Stange in der Mitte gebrochen, kann nur versucht werden, ein passendes Reststück als Schiene in die Stange einzusetzen. Dazu wird die Stange auseinandergesägt, und zwar unter äußerster Vorsicht, denn die anfallenden Splitter sind außerordentlich tückisch. Ist das unverletzt überstanden, wird nach dem Glattschmirgeln der Enden das Verbindungsstück je zur Hälfte in die Stangenreste geklebt. Zusätzlich wird von außen umwickelt und die Stange an einer der nicht so stark belasteten Stellen eingesetzt.

Gehen *Segelpositionierer* verloren, wird das entsprechende Gegenüber ebenfalls aus dem Drachen entfernt, bis wieder ein gleiches Paar verfügbar ist. Der Drachen fliegt in der Regel auch ohne Segelpositionierer, die Startphase ist eben etwas kritischer, und das Verhalten beim Drehen ist etwas anders.

. . . der Drachen bei scharfen Kurven einklappt

Einige Drachenmodelle klappen bei engen Loopings ein und flattern unsteuerbar zu Boden. Wer ein solches Drachenmodell fliegt, muß sich auf diese Eigenheit des Lenkdrachens einstellen. Um das Einklappen zu verhindern, darf der Zug auf der *längeren* Steuerleine nie völlig aufgegeben werden.
Ähnlich muß der Pilot beim **Nachdrehen** den Effekt mit einkalkulieren und darf die längere Steuerleine nicht völlig entlasten.

Der Pilot wird mit Einschränkungen beim Steuern leben müssen, wenn er nicht die Konstruktion verändert. Es gibt aber Lenkdrachen-Piloten, die einen solchen Drachen so beherrschen, daß sie mühelos ein Quadrat mit scharfen, rechtwinkligen Ecken fliegen können: Der Pilot steuert eine 60-Grad-Kurve, und der Drachen dreht um weitere 30 Grad nach, bevor er wieder völlig in der Gewalt des Piloten ist.

Literatur

Ron Moulton: *Das Drachenbuch. Geschichte, Flugtechnik und Selbstbau von Drachen*. Ravensburg: Otto Maier Verlag, 1986

Thomas Erfurth/Harald Schlitzer: *Lenkdrachen zum Nachbauen*. Wiesbaden: Englisch Verlag, 1989

Servaas van der Horst/Nop Velthuizen: *Lenkdrachen: Neue Modelle, Buggys und Boote*. Bussum: Thoth Verlag, 1994

Peter Rieleit: *Leistungsstarke Lenkdrachen zum Nachbauen*. Ravensburger Buchverlag, 1993

Christine Schertel: *Skywork Experience*. Hamburg: Skywork Agentur, 1991

Christine Schertel: *Skywork Experience II*. Hamburg: Skywork Agentur, 1993

Wolfgang Schimmelpfennig: *Lenkdrachenbauen und fliegen*. Niedernhausen: Falken Verlag, 1989

Wolfgang Schimmelpfennig: *Phantastische Drachenwelt*. Niedernhausen: Falken Verlag, 1991

Wolfgang Schimmelpfennig: *Neue Lenkdrachen und Einleiner*. Niedernhausen: Falken Verlag, 1993

Jens Baxmeier: *Lenkdrachen. Modelle, Bau, Fluganleitung*. Baden-Baden: Verlag für Technik und Handwerk, 1994

Dr. H. E. Rocker: *Lenkdrachen-Handbuch. Eine Einführung in das Lenkdrachen-Fliegen für Anfänger und Fortgeschrittene*. Hamburg: Drachenverlag, 1994

Paul und Helene Morgan: *Das große Drachenbuch*. Ravensburg: Otto Maier Verlag, 1992

Bücher in englischer Sprache:

Ron Reich: *Kite Precision. Your Comprehensive Guide for Flying Controllable Kites*. Ramona (U. S. A.): Tutor Text, 1993

Servaas van der Horst/Nop Velthuizen: *Stunt Kites – To Make and Fly*. Bussum: Thoth Verlag, 1991

Richard P. Synergy: *Stunt Kite Basics. Making all the right moves*. Kanada: Fly Write Publications, 1993

Ron Moulton and Pat Lloyd: *Kites. A practical handbook for the modern kiteflyer*. Hemel Hempstead (England): Argus Books, 1992

David Gomberg: *Stunt Kites! A Complete Flight Manual For Dual Control Kites*. Casacade Kites, Neotsu (U. S. A.), 1988

Vereine

DCD
Drachen-Club-Deutschland e.V.
Postfach 35 01 27 · 40443 Düsseldorf
Magazin: *Hoch Hinaus*
Regelbuch: *S. T. A. C. K.-Regelwerk
(deutsche Übersetzung)*

DCB
Drachenclub Berlin »Aero-Flott« e.V.
Königstraße 13 · 14109 Berlin
Magazin: *Fang den Wind*
Regelbuch: *S. T. A. C. K.-Regelwerk
(deutsche Übersetzung)*

Cerf-Volant Club de France
Boite-Postale 186 · 75623 Paris
Cedex 13, Frankreich
Magazin: *Le Lucane*

Kite Society of Great Britain
31 Grange Road, Ilford
Essex, IG1 1EU England
Magazin: *The Kiteflier*

Würdigung

Aus eigenen Erfahrungen weiß ich, daß eine Menge Geld, kreative Ideen, Zeit und Mühe in der Entwicklung von Drachen und Drachenzubehör steckt. Deswegen und weil diese Hinweise gerne vergessen werden, folgt hier eine Aufstellung, der im Buch genannten Drachen und Produkte.

Bezeichnung	Entwurf, Hersteller
ACE	ACE (E)
Chico	Invento
City Session	Invento
Cyborg	Mike Sterling Aerialogics (USA)
Delta Hawk	Invento
Elektron	HQ-Kites + Invento
Flexifoil	R. Merry und A. Jones, Flexifoil International
Geenie	Invento
Hawaiian Team	Don Tabor, Top Of The Line Co. (USA)
Hot Pepper	Invento
Kite Stake	Carey Winders (USA)
Neptune	Joel K. Scholz, Sky Delight Kites (USA)
Obsession	Invento
Passion	Invento
Peter-Powell-Stunter	Peter Powell, Peter Powell Kites (GB)
Phantom	T. Benson (GB), Highflyers (USA)
Radian	Prism Designs Inc. (USA)
Rainbow Stunt Kite	Steve Edeiken, Coast Kites Inc. (USA)
Revolution	Revolution Kites Inc. (USA)
Rogallo Flexible Wing	F. M. Rogallo, Kitty Hawk Kites (USA)
Run Dart	HQ-Kites + Invento
Session 1.1	Invento
Sigma	Elliot (Wesel)
Skyclaws	Shanti (USA)
Spectra	Allied (USA)
Speedwing	E. Heid und T. Erfurth
Spinn-Off	Don Tabor, Top of The Line Co. (USA)

Wo findest du welchen Begriff?

Stichworte